KB116389

회사에서 맨날 쓰는

비즈니스
영어패턴

500+
플러스

회사에서 맨날 쓰는
비즈니스 영어패턴 500 플러스

지은이 케빈 경
펴낸이 임상진
펴낸곳 (주)넥서스

초판 1쇄 발행 2013년 1월 25일
초판 14쇄 발행 2017년 2월 20일

2판 1쇄 발행 2017년 10월 15일
2판 6쇄 발행 2022년 1월 10일

출판신고 1992년 4월 3일 제311-2002-2호
주소 10880 경기도 파주시 지목로 5
전화 (02)330-5500 팩스 (02)330-5555
ISBN 979-11-6165-124-8 13740

저자와 출판사의 허락 없이 내용의 일부를
인용하거나 발췌하는 것을 금합니다.
저자와의 협의에 따라서 인지는 붙이지 않습니다.

가격은 뒤표지에 있습니다.
잘못 만들어진 책은 구입처에서 바꾸어 드립니다.

www.nexusbook.com

회사에서 맨날 쓰는

비즈니스 영어패턴 500+

플러스

케빈 경 지음

넥서스

머리말

+ 비즈니스 영어도 단어가 아니라 패턴이다!

외국 회사와 비즈니스를 하는 사람들이 저에게 자주 하소연하는 것이 있습니다. 평소에는 영어를 곧잘 한다고 생각했는데, 막상 외국인과 얼굴을 마주 보고 회의나 협상, 하다못해 (일상적인) 대화를 할 때조차 벙어리가 된다는 것입니다. 회사 일과 관련된 일이라 몇몇의 단어들과 몸짓으로만 대충 때울 수가 없는 상황이니 당혹스럽기 짝이 없습니다.

Are you still memorizing vocabulary?
아직도 단어를 외우고 계신가요?

그렇습니다. 특정 상황이나 맥락을 무시한 채 단어만 달달 외우던 전통적인 학습 방식이 벙어리 영어를 키울 수 있다는 건 이미 잘 알려진 사실입니다. 해결책은 하나하나의 단어가 아니라 의미 단위 (chunks), 즉 패턴을 학습하는 것입니다. 위에 보여 준 것 같은 패턴(Are you still...?)에 단어들을 교체해서 연습해 보는 것이죠. 이러한 반복적인 연습과 실제 훈련을 통해 패턴이 자기 것이 되고, 결국 입에서 저절로 나올 수 있게 되는 것입니다.

+ 네이티브들이 비즈니스 할 때 자주 쓰는 현장 영어 패턴

이 책에 수록된 패턴은 제가 미국 현지에서 오랜 회사 생활을 하면서 영어권 사람들과 직접 만나 농담하고, 접대하고, 회의·발표·협상을 하고, 이메일을 주고받으며 썼던 표현들입니다. 이 표현들을 정리한 후 그 광범위하고 다양한 표현들 중에서 상황별로 (1)네이티브들이 가장 많이 사용하고, (2)가장 유용한 표현들을 기준으로 패턴 200개를 선별했습니다. 그뿐만 아니라 유사패턴 300여 개를 추가하여 총 500개 이상의 패턴들을 실었습니다.

어감을 고려하여 엄선한 패턴

특히 비즈니스 현장에서는 미묘한 어감을 고려해서 말을 해야 합니다. 너무 상투적이거나 청소년들이 사용하는 속어 같은 영어를 쓰는 건 금물이지요. 일반적으로 보면 상대방의 감정이 상하지 않도록 언어에 padding, 즉 '쿠션'을 깔아 마찰을 최소화하는 표현들이 필요합니다. 그러다 보니 민감한 문제가 나오면 패턴이 생각보다 길어질 때도 있습니다. 이런 부분까지 고려해서 패턴을 선별했습니다.

저에게도 그랬듯이 독자 여러분들에게도 여기 등장하는 500여 개의 패턴들이 흥미롭게 와닿고 실제로 비즈니스 하시는 데 도움이 되었으면 합니다. 그리고 이 책을 기획하고 열정적으로 편집을 해주신 넥서스 편집부에 감사를 드립니다.

케빈 경 Kevin Kyung

이 책
사용 설명서

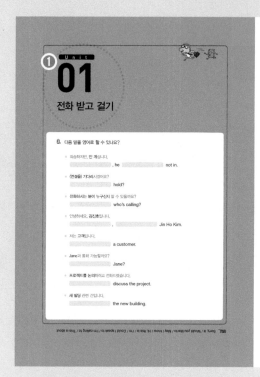

아는 패턴 확인하기

각 Unit의 첫 페이지에서는 해당 단원에서 다룰 패턴들을 영어로 말해 보도록 하고 있습니다. 이것을 영어로 말할 수 있다면 당신은 이미 그 패턴을 알고 있고, 이를 활용해서 다양한 상황에 필요한 말을 할 수 있는 것입니다. 먼저 '아는 패턴'을 제대로 알고 있는지 빠르게 확인하고, 그 다음 답할 수 없었던 '모르는 패턴'을 찬찬히 공부합니다.

패턴 활용법 확인

패턴을 제대로 사용하기 위해 먼저 어떤 상황에서 어떤 뉘앙스로 쓰이는지 확인하고, 이 패턴과 쓰임이 비슷한 유사패턴들도 묶어서 알아 둡니다. 괄호 안에 있는 것은 생략 가능하고, '/' 표시는 둘 중 하나를 쓸 수 있다는 의미입니다.

step 1 패턴 집중 훈련

문장을 통해 패턴의 쓰임을 익힙니다. 본격적인 패턴 훈련의 제1 단계죠. 비즈니스에서 가장 많이 쓰는 패턴들을 이용한 문장들로 외워 두면 바로 쓸 수 있는 표현들입니다. 복습할 때는 오른편의 영어 문장을 가린 다음, 왼편의 우리말만 보고 영어로 말해 보세요.

step 2 리얼 회화 연습

비즈니스에서 실제로 쓰이는 다이얼로그와 글을 통해 주어진 패턴이 어떤 상황에서 쓰이는지 확인하고 우리말로 되어 있는 부분을 영어로 말해 봅니다. 그 다음에는 반대로 우리말을 보면서 영어로 말하는 연습을 해 봅시다. 이메일이라도 입에서 나오면 글로도 쓸 수 있음을 숙지하고 꼭 큰 소리로 말하는 연습을 해 보세요. '요건 덤'에는 알아 두면 좋은 팁들을 정리했으니 꼭 체크하고 넘어가세요.

step 3 도전! 실전 회화

step 1과 step 2에서 공부한 패턴을 활용하여, 우리말 해석을 보고 영어로 말해 보세요. 괄호 안에 있는 힌트를 참고하여 답해 보세요. 정답은 281쪽에 있습니다.

복습문제 풀어 보기

'패턴훈련편'을 공부한 다음 261쪽~280쪽 '복습문제편'에서 연습문제를 풀면서 실력을 확인합니다.

 공부 순서

✓ 강의 듣기 → ☐ step 1 → ☐ step 2 → ☐ step 3 → ☐ 복습문제 → ☐ 복습 동영상

무료 학습자료
100% 활용법

1. 스마트폰에서 바로 확인할 때

 QR코드를 스마트폰으로 스캔하면
MP3 파일과 동영상 자료를 바로 확인할 수 있습니다.

원어민 선생님의 정확한
발음을 들어 보세요.

저자 선생님이 패턴의 뉘
앙스와 쓰임새를 친절하
게 설명해 줍니다.

일상생활에서 활용도 만
점인 패턴만은 꼭 외워 주
세요~! 필수 패턴을 활용
한 step 1의 문장들을 통
암기할 수 있도록 구성되
어 있습니다.

본책의 주요 단어와 표현
들을 동영상을 보면서 암
기해 보세요.

< Pattern 선택

비즈니스 영어패턴 500+

**Pattern
001**

⬇ 무료 제공 학습자료

듣기 훈련	듣 기 MP3 🔊	훈 련 MP3 🔊
저자 강의	동영상 강의 ⟳	저자 해설 강의 ⟳
암기 복습	복습 동영상 ⟳	단어암기 동영상 ⟳

패턴훈련북 ebook 📖

COPYRIGHT NEXUS Co., LTD. ALL RIGHTS RESERVED.

비즈니스 영어패턴 500+
여보세요, John입니다.
Hello, John speaking.

깜빡

비즈니스 영어패턴 500+
business trip
출장

2. 컴퓨터에서 다운받을 때

넥서스 홈페이지(www.nexusbook.com)에서 도서명으로 검색하시면
구매 인증을 통해 부가자료를 무료로 다운받을 수 있습니다.

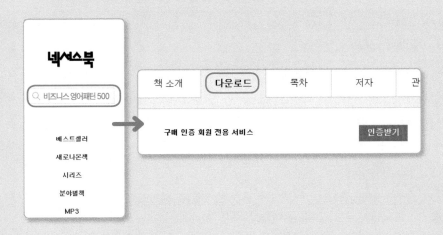

저자 직강 해설강의

www.nexusbook.com에서 저자 선생님이 직접 녹음한 생생한 강의를
다운로드 받아 함께 들어 보세요. 팟캐스트로도 들을 수 있습니다.

저자 직강 동영상 강의

듣는 것뿐 아니라 모바일로 보면서 공부할 수 있도록 동영상 강의도 함께
제공합니다. QR코드를 찍으면 바로 팟캐스트로 이동합니다.

모바일용 패턴 훈련북 (온라인 무료 제공)

각 패턴과 주요 표현을 간편하게 볼 수 있도록 패턴 훈련북을 제공합니다.

듣기 MP3

본책의 내용을 그대로 녹음한 MP3 파일입니다. 한국인 성우와 외국인 성우가
동시 녹음하였으며, 생생하게 액팅하여 보다 정확한 발음을 확인할 수 있습니다.

훈련 MP3

step 1의 문장들이 녹음되어 있습니다. 네이티브의 음성을 듣고 따라서
말하는 연습을 할 수 있도록 구성되어 있습니다.

복습 동영상

활용도가 높은 step 1의 문장들을 통암기할 수 있도록 구성되어 있습니다.

단어암기 동영상

본책에 나온 주요 단어와 표현들을 쉽게 외울 수 있도록 도와줍니다.

자가진단 학습 진도표

PART 3 가벼운 대화

PART 4 회의와 토의

PART 5 프레젠테이션

PART 6 협상

PART 7 출장

패턴훈련편

7개의 PART를 29개의 Unit으로 분류하였다.
총 200개의 필수패턴을 공부하도록 되어 있으며,
각 패턴 아래에 쓰임이 비슷한 '유사패턴' 약 300개
를 같이 정리하였다.

PART 1

+

Telephone
전화

전화 통화는 얼굴을 맞대고 이루어지는 커뮤니케이션 수단과는 달리 서로를 볼 수 없는 상황에서 상대방의 뜻을 파악하고 자신의 견해를 전달해야 하는 상황이다 보니 **모든 정보**, 특히 **숫자**나 **이름**은 **재확인**하는 것이 매우 중요합니다. 반면 친분이 있는 사이에서는 어조가 가볍고 비격식적인 편이죠.

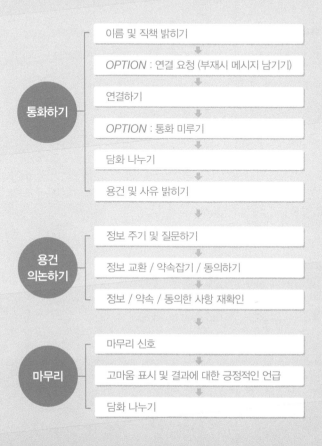

통화하기
- 이름 및 직책 밝히기
- *OPTION* : 연결 요청 (부재시 메시지 남기기)
- 연결하기
- *OPTION* : 통화 미루기
- 담화 나누기
- 용건 및 사유 밝히기

용건 의논하기
- 정보 주기 및 질문하기
- 정보 교환 / 약속잡기 / 동의하기
- 정보 / 약속 / 동의한 사항 재확인

마무리
- 마무리 신호
- 고마움 표시 및 결과에 대한 긍정적인 언급
- 담화 나누기

Unit

01

전화 받고 걸기

Q. 다음 말을 영어로 할 수 있나요?

● 죄송하지만, 안 계십니다.

⬜⬜⬜⬜⬜⬜ , he ⬜⬜⬜⬜⬜⬜⬜ not in.

● (연결을) 기다리시겠어요?

⬜⬜⬜⬜⬜⬜ hold?

● 전화하시는 분이 누구신지 알 수 있을까요?

⬜⬜⬜⬜⬜⬜ who's calling?

● 안녕하세요, 김진호입니다.

⬜⬜⬜⬜⬜ , ⬜⬜⬜⬜⬜⬜⬜ Jin Ho Kim.

● 저는 고객입니다.

⬜⬜⬜⬜⬜⬜ a customer.

● Jane과 통화 가능할까요?

⬜⬜⬜⬜⬜⬜ Jane?

● 프로젝트를 논의하려고 전화드렸습니다.

⬜⬜⬜⬜⬜⬜ discuss the project.

● 새 빌딩 관련 건입니다.

⬜⬜⬜⬜⬜ the new building.

정답. Sorry, is / Would you like to / May I know / Hi, this is / I'm / Could I speak to / I'm calling to / This is about

Hello, ...speaking.

여보세요, ~입니다.

수신자가 전화를 받으면서 자신의 이름과 부서 등을 밝힐 때 사용하는 패턴입니다. 이밖에도 회사의 안내원이나 비서일 경우 흔히 시간에 따라 Good morning, Good afternoon 또는 Good evening으로 시작하여 회사나 부서의 이름을 붙인 후 자신의 이름을 말하기도 하죠.

유사 패턴 This is.... ‖ Good morning[afternoon/evening],... speaking.

여보세요, John입니다.	Hello, **John** speaking.
여보세요, Sara McDougal입니다.	Hello, **Sara McDougal** speaking.
여보세요, Mr. Park 사무실의 Beth입니다.	Hello, **Beth at Mr. Park's office** speaking.
여보세요, 프론트의 Tim입니다.	Hello, **Tim at the front desk** speaking.
여보세요, 회계부의 Lee입니다.	Hello, **Lee in Accounting** speaking.

A 여보세요, Benjamin Kim입니다.

B **Hi, Ben, this is Sid Field. Sorry to call your cell phone.**

A **Hey, Sid. No, no problem. How can I help you today?**

B **I have a quick question about the proposal.**

A Hello, Benjamin Kim speaking.
B 안녕하세요, Ben. Sid Field입니다. 휴대 전화로 전화해서 미안합니다.
A 안녕하세요, Sid. 괜찮아요. 오늘은 무엇을 도와드릴까요?
B 제안서에 관해 간단한 질문이 있습니다.

여보세요, 이함석입니다.

⇨ _____

Sorry, he is...

죄송하지만, 그는 ~입니다

여기에서 Sorry는 어떤 요청을 매너 있게 하거나, 아쉬운 소식을 알릴 때 사용하는 말입니다. 예를 들어 식당에서 "죄송한데, 숟가락 하나 더 갖다 주실래요?"처럼 요청을 할 때 쓰는 것이죠.

유사 패턴 I'm sorry, but he is...

step1 패턴 집중 훈련

죄송하지만, 안 계십니다.	Sorry, he is **not in.**
죄송하지만, 지금 전화를 받으실 수 없습니다.	Sorry, he is **not available right now.**
죄송하지만, 사무실에 안 계십니다.	Sorry, she is **out of the office.**
죄송하지만, 출장 중이십니다.	Sorry, she is **on a business trip.**
죄송하지만, 자리에 안 계십니다.	Sorry, she is **away from her desk.**

step2 리얼 회화 연습

A Hello, Jean. This is Minsoo Park.

B Oh, hi, Mr. Park. This is Tina actually.

A Hi, Tina. Is Jean there? I'm returning her call*.

B 죄송하지만, 지금 회의 중입니다.

A 안녕하세요, Jean. 박민수입니다.
B 아, 안녕하세요, Mr. Park. 실은 저 Tina입니다.
A 안녕하세요, Tina. Jean 있어요? 전화를 못받아서 제가 다시 거는 겁니다.
B Sorry, she is in a meeting.

> 요건 덤!
>
> * return~ call은 전화를 못 받았을 경우 상대방에게 나중에 전화를 해 주는 것을 말합니다.

step3 도전 실전 회화

죄송하지만, 그녀는 현재 휴가 중입니다. (currently)

⇒ _____

Would you like to...?

~하시겠어요?

상대방이 찾는 사람이 자리에 없을 때 전화를 받은 사람이 대안을 제시하면서 사용하는 패턴입니다. 이 패턴 뒤에는 동사를 쓰면 됩니다.

유사 패턴 Do you want to...?

(연결을) 기다리시겠어요?	**Would you like to hold?**
다른 분과 통화하시겠어요?	**Would you like to talk to someone else?**
나중에 다시 전화하시겠어요?	**Would you like to call him back later?**
그가 전화 다시 주기를 원하세요?	**Would you like him to return your call?**
그분 비서와 통화하시겠어요?	**Would you like to speak to his secretary?**

step2 리얼 회화 연습

A   Is Linda Masters in?

B   Oh, you just missed her.* 메시지를 남기시겠어요?

A   Yes, please tell her Matthew Kim called.

B   Sure thing. I'll have her call you back.

A   Linda Masters가 자리에 있나요?
B   아, 방금 나갔네요. **Would you like to leave a message?***
A   네. Matthew Kim한테서 전화왔었다고 전해 주세요.
B   알겠습니다. 전화하라고 전하겠습니다.

 요건 덤!

* just missed는 '방금 막 놓쳤다'라는 뜻으로 여기서는 찾는 사람이 막 나갔다는 의미입니다.

* 메모를 남길 때는 memo가 아니라 message(메시지)라는 말을 쓰니 주의하세요.

그분 상사와 통화하시겠어요?

⇒ _____

May I have[know]…?

~을 알 수 있을까요?

전화 건 사람에 대한 정보를 요청하기 위해 사용하는 패턴입니다. have 뒤에는 명사가 붙고, know 다음에는 who, what, when, where, why, how나 which 절이 붙습니다. 전화 통화에서 Who are you?처럼 직접적으로 물어보면 무례하게 들릴 수 있으니 이 패턴처럼 간접적으로 물을 수 있도록 하세요.

유사 패턴 May I ask…? ‖ Could you tell me…?

전체 성함을 알 수 있을까요?	**May I have your full name?**
연락드릴 번호를 알 수 있을까요?	**May I have your contact number?**
전화하시는 분이 누구신지 알 수 있을까요?	**May I know who's calling?**
무슨 용건인지 알 수 있을까요?	**May I know what the call is about?**
어느 회사 소속이신지 알 수 있을까요?	**May I know what company you're from?**

A 그분이 언제 전화 받기로 하셨는지 알 수 있을까요?

B **He wasn't. I just really need to talk to him.**

A **Well… he does have a cell phone.**

B **Great. Can I get* that number?**

A May I know when he was expecting your call?
B 그런 건 없었고요. 정말 통화해야 할 상황이라서 그럽니다.
A 아… 그분 휴대폰이 있으신데요.
B 잘됐네요. 번호를 알 수 있을까요?

> 요건 덤!
>
> * 이름, 번호나 주소 등을 물을 때는 Can
> I get …? 패턴을 쓸 수 있습니다.

누구와 통화하기를 원하시는지 알 수 있을까요? (speak to)

⇒ _____

26

Hi, this is...

안녕하세요, ~입니다

전화를 걸고 본인이 누구인지 밝힐 때 Hi, this is... 패턴을 씁니다. 친한 사람들끼리는 Hi 대신 Hey도 자주 쓰죠. 회사, 부서나 지점을 알려줄 때는 이름 뒤에 'from+소속'이나 'at+소속'을 쓰면 됩니다.

유사패턴 Hello, it's... here.

안녕하세요, Peter입니다. | Hi, this is Peter.

안녕하세요 Lynn, Kevin Kim입니다. Hi, Lynn, this is Kevin Kim.

안녕하세요, 회계부의 J. D.입니다. Hi, this is J. D. at Accounting.

안녕하세요, 인천 지점의 진호입니다. Hi, this is Jin Ho from the Incheon office.

안녕하세요, 넥서스의 Cathy입니다. Hi, this is Cathy from Nexus.

step2 리얼 회화 연습

A Hello, Jack Pierce speaking.

B 안녕하세요, Jack, KP전자의 Ace입니다.

A Hey, Ace. How've you been*?

B Fantastic. And yourself*?

A 안녕하세요, Jack Pierce입니다.
B Hi, Jack, this is Ace from KP Electronics.
A 안녕하세요, Ace. 잘 지냈어요?
B 아주 잘 지냈어요. 당신은요?

요건 덤!
* How have you been?을 줄인 말이에요.
* And how about you?를 줄여서 구어체로 표현한 것입니다.

step3 도전! 실전 회화

안녕하세요, 한국의 선유진입니다.

⇒ _____

I'm...

저는 ~입니다

자신의 이름과 회사를 이미 밝혔더라도, I'm... 패턴을 사용해서 구체적인 정보를 추가로 언급하면 전화를 받는 쪽이 정확하고 빠르게 용건을 파악할 수 있습니다. 참고로 여기서는 This is... 패턴을 사용하면 어색합니다.

저는 입사 지원자입니다.	I'm a job applicant.
저는 고객입니다.	I'm a customer.
저는 그의 친구입니다.	I'm a friend of his.
저는 그의 동생입니다.	I'm his brother.
저는 납품업체입니다.	I'm a supplier.

A Hello, could I speak to Mr. Thomas?

B Sure. May I tell him who's calling?

A My name is J. D. Lee. 저는 컴퓨터 프로그래머입니다.

B I'll put you through.

A 여보세요, Mr. Thomas와 통화할 수 있을까요?
B 네. 누구시라고 전해 드릴까요?
A 제 이름은 J. D. Lee입니다. I'm a computer programmer.
B 연결해 드리겠습니다.

저는 영업 직원입니다.

⇒ _____

Could I speak to...?

~와 통화 가능할까요? / ~ 바꿔 주시겠어요?

여기서 Could는 Can보다 정중한 표현입니다. 격식을 더 갖추려면 May를 사용할 수도 있죠. 뒤에 please를 넣으면 더욱 예의 바른 표현이 됩니다.

유사 패턴 Could you put me through to...? ‖ May I speak to...? ‖ Is... in, please?

step 1 패턴 집중 훈련

Kim과 통화 가능할까요?	**Could I speak to Kim?**
인사부의 Jane과 통화 가능할까요?	**Could I speak to Jane in HR?**
팀장님과 통화 가능할까요?	**Could I speak to the team leader?**
구매 관계자와 통화 가능할까요?	**Could I speak to someone in Purchasing?**
제 주문을 도와줄 수 있는 분과 통화 가능할까요?	**Could I speak to someone who can help me with my order?**

HR (Human Resources Department) 인사부

step 2 리얼 회화 연습

A Mr. Hayes와 통화 가능할까요?

B **Sorry, he's not in at the moment. Would you like to talk to someone else?**

A **That's all right. Could I leave a message?**

B **Oh, sure. May I know your name?**

A Could I speak to Mr. Hayes?
B 죄송하지만, 지금 안계십니다. 다른 분과 통화하시겠어요?
A 괜찮습니다. 메시지를 남겨도 될까요?
B 아, 그럼요. 성함을 알 수 있을까요?

step 3 도전! 실전 회화

영업 직원 중 한 분과 통화 가능할까요?

⇨ _____

I'm calling to...

~하려고 전화드렸습니다

용건을 언급할 때 사용하는 패턴 중 하나로, 전화 용건을 구체적으로 밝히는 표현입니다. 뒤에 동사구가 들어갑니다.

유사 패턴 I wanted to... ‖ I thought I'd call and...

 **step1** 패턴 집중 훈련

부탁 하나 하려고 전화드렸습니다.	**I'm calling to** ask a favor.
보고서 준비 여부를 확인하려고 전화드렸습니다.	**I'm calling to** check if the report is ready.
입사 지원한 거 어떻게 됐나 알아보려고 전화드렸습니다.	**I'm calling to** follow up on my job application.
프로젝트를 논의하려고 전화드렸습니다.	**I'm calling to** discuss the project.
예약을 변경하려고 전화드렸습니다.	**I'm calling to** change my reservation.

step2 리얼 회화 연습

A Hi, Ms. Lee. How have you been?

B Great. How about yourself?

A I've been busy. How can I help you today?

B Well, 점심에 시간 있는지 알아보려고 전화드렸습니다.

A 안녕하세요, Ms. Lee. 어떻게 지내셨어요?
B 잘 지냈습니다. 당신은요?
A 바빴어요. 오늘은 뭘 도와드릴까요?
B 아, I'm calling to see if you're free for* lunch.

┌─ 요건 덤! ─────────────┐
* I'm calling to see if…는 전화상으로
상대방에게 무엇을 확인할 때 쓸 수 있는
유용한 패턴입니다. free for…는 '~을
할 시간이 있는'이라는 뜻이죠.
└────────────────────┘

 **step3** 도전! 실전 회화

약속을 잡으려고 전화드렸습니다. (appointment)

➡ _____

This is about...

~ 관련 건입니다

이 패턴 역시 용건을 언급할 때 활용하지만, 앞서 나온 것과는 달리 안건 자체를 직접적으로 밝히는 것입니다. 따라서 이 패턴 뒤에는 명사구가 붙습니다.

유사 패턴 I'm calling about... ‖ This is regarding... ‖ This is in regards to...

step1
패턴 집중 훈련

채용 관련 건입니다.　　　　　　　　**This is about** the job opening.

새 빌딩 관련 건입니다.　　　　　　　**This is about** the new building.

당신의 마지막 의견 관련 건입니다.　　**This is about** your last comments.

제 제안서 관련 건입니다.　　　　　　**This is about** my proposal.

어제 제가 받은 이메일 관련 건입니다.　**This is about** the e-mail I received yesterday.

step2
리얼 회화 연습

A Hey, Rachel. I didn't expect a call from you today.

B Well, I had to speak to you ASAP.*

A Is that right? What is this about?

B 공장에 있는 문제 관련 건입니다.

A 안녕하세요, Rachel. 오늘 전화할 거라고 생각 못했는데요.

B 그게, 당신과 가능한 빨리 통화를 해야 해서요.

A 그래요? 무슨 일 때문이죠?

B This is about a problem at the plant.

요건 덤!

* ASAP은 as soon as possible의 약자로 '가능한 빨리'라는 뜻입니다.

step3
도전! 실전 회화

우리 CEO 관련 건입니다.

⇨ _____

Unit

02

정보 교환 및 메시지 남기고 받기

Q. 다음 말을 영어로 할 수 있나요?

● 저에게 전화해 달라고 전해 주시겠어요?

　　　　　　　　　　　　 call me back?

● John이 전화했다고 전해 주세요.

　　　　　　　　　　　　 John called.

● 죄송한데, 다시 말씀해 주시겠어요?

　　　　　　　　　　 , 　　　　　　　　　 repeat that?

● 다른 전화를 받아도 괜찮겠습니까?

　　　　　　　　　　 take another call?

● 네, 한국 부산입니다.

　　　　　　　　　 , 　　　　　　　　　　 in Busan, Korea.

● 실은, G가 아니고 Z입니다.

　　　　　　　　 , 　　　　　　　　　 G. 　　　　　　　　　 Z.

● 잊지 않고 그에게 얘기하겠습니다.

　　　　　　　　　　 to tell him.

정답. Could you ask him to / Please tell him (that) / I'm sorry, can you / Yes, it's / Actually,
not, It's / I'll make sure

Could you ask him to...?

~해 달라고 전해 주시겠어요?

통화하고 싶은 사람과 연결이 안 되었을 때 메시지를 남길 경우 사용하는 패턴입니다. 이 패턴 뒤에는 메시지를 받을 사람에게 요청하는 내용을 동사로 제시하면 됩니다.

유사 패턴 Could you have him...? ‖ Please have him...

step1 패턴 집중 훈련

저에게 전화해 달라고 전해 주시겠어요? **Could you ask him to call me back?**

문자 메시지 확인해 달라고 전해 주시겠어요? **Could you ask him to check his text?**

제 사무실에 들러 달라고 전해 주시겠어요? **Could you ask him to stop by my office?**

새 브로슈어를 보내 달라고 전해 주시겠어요? **Could you ask him to send me the new brochure?**

step2 리얼 회화 연습

A Sorry, Ms. Lee, Aaron Hart isn't in right now.

B May I know when you expect him back?

A I'm not sure. Do you want me to tell him to call you?

B Yes. 그렇게 해 달라고 전해 주시겠어요?

A 죄송해요, Ms. Lee. Aaron Hart는 지금 여기 안 계세요.
B 언제 돌아오실 것 같은지 알 수 있을까요?
A 잘 모르겠어요. 전화드리라고 전해 드릴까요?
B 네. Could you ask him to do that?

step3 도전! 실전 회화

Anne에게 세미나에 참석해 달라고 전해 주시겠어요? (attend)

⇨ _____

Please tell him (that)...

~했다고 전해 주세요

이 패턴 역시 통화하고 싶은 사람과 연결이 안 됐을 때 사용하지만, 어떤 것을 요청하는 것이 아니라 그냥 메시지만 남기는 경우에 쓰입니다. 이 패턴 뒤에는 절(clause)이 붙습니다.

유사 패턴 Could you let him know that...? ‖ Would you tell him that...?

John Kim이 전화했다고 전해 주세요. **Please tell him** (that) John Kim called.

제가 귀국했다고 전해 주세요. **Please tell him** (that) I'm back in town.

이메일 보내드렸다고 전해 주세요. **Please tell him** I sent him an e-mail.

오후 2시 항공편에 예약되었다고 전해 주세요. **Please tell him** he's booked for the 2 p.m. flight.

A Hi, Diane. Where are you?
Jen's waiting in the conference room.

B Could you ask her to start the meeting without me?

A Oh? Can I tell her why?

B 차가 막혀서 꼼짝 못하고 있다고 전해 주세요.

A 안녕하세요, Diane. 어디세요? Jen이 회의실에서 기다리고 있는데요.
B 저 없이 회의를 시작하라고 말씀해 주시겠어요?
A 네? 왜 그렇다고 전해 드릴까요?
B Please tell her that I'm stuck in traffic*.

> **요건 덤!**
> * stuck in traffic은 말 그대로 '교통 정체 속에 끼어 있는'이라는 뜻입니다.

Jerry에게 회의는 오전 10시라고 전해 주십시오.

⇒ _____

34

I'm sorry, can you...?

죄송한데, ~하시겠어요?

통화 상태가 안 좋거나 상대의 말을 제대로 못 들은 경우 양해를 구하며 상대방에게 무엇을 요청하면서 사용하는 표현입니다. 이 패턴 뒤에는 동사가 옵니다.

유사 패턴 Sorry, could I ask you to...? ‖ Sorry, would you mind -ing...?

step1 패턴 집중 훈련

죄송한데, 더 크게 말씀해 주시겠어요?	I'm sorry, can you **speak up**?
죄송한데, 다시 전화해 주시겠어요?	I'm sorry, can you **call me back**?
죄송한데, 다시 말씀해 주시겠어요?	I'm sorry, can you **repeat that**?
죄송한데, 성함을 다시 말씀해 주시겠어요?	I'm sorry, can you **tell me your name again**?
죄송한데, 제 말 들리세요?	I'm sorry, can you **hear me**?

step2 리얼 회화 연습

A **This is Hyeong Taek Lee.**

B 죄송한데, 철자를 알려 주시겠어요?

A **Do you want the full name?**

B **Well, I got your last name Lee. How about just your first name?**

A 저는 이형택입니다.
B I'm sorry, can you spell that for me?
A 전체 이름을 원하시나요?
B 저, 이 씨라는 성은 알아들었습니다. 이름만 알려 주시겠습니까?

step3 도전 실전 회화

죄송한데, 철자를 다시 알려 주시겠습니까? (spelling)

⇒ _____

Mind if I...?

~해도 괜찮겠습니까?

앞에서는 상대방에게 어떤 행동을 요청했다면 여기서는 자신이 하고 싶은 행동에 대해 양해를 구하는 것입니다. 뒤에는 동사구가 붙습니다.

유사 패턴 Would you mind if I...? ‖ Would it be okay if I...?

step1 패턴 집중 훈련

연결을 기다리셔도 괜찮겠습니까?	**Mind if I** put you on hold?
다른 전화를 받아도 괜찮겠습니까?	**Mind if I** take another call?
다른 분으로 바꿔 드려도 괜찮겠습니까?	**Mind if I** have you talk to someone else?
일반전화로 다시 전화드려도 괜찮겠습니까?	**Mind if I** call you back on the landline?
그냥 이메일 드려도 괜찮겠습니까?	**Mind if I** just e-mail you?

put someone on hold 통화 중 대기 상태로 두다   landline 지상 통신선(일반전화선)

step2 리얼 회화 연습

A He's expecting my call. We were supposed to* talk at 3 o'clock.

B 그분에게 확인해도 괜찮겠습니까?

A Sure, of course.

B All right, let me put you on hold for a second.*

A 제 전화를 기다리고 있을 겁니다. 3시에 통화하기로 했거든요.

B Mind if I check with him?

A 네, 그럼요.

B 알겠습니다. 잠시 연결을 기다려 주십시오.

┌─ **요건 덤!** ─┐
* be supposed to는 '~하기로 했다'라는 뜻입니다.
* 영어로는 '잠시'를 for a second(1초 동안)로 표현하는 경우가 많습니다.
└─────────────┘

step3 도전! 실전 회화

우리 통화를 녹음해도 괜찮겠습니까? (record)

⇒ _____

36

Yes, it's...

네, ~입니다

상대방이 어떤 것을 받아 쓸 수 있도록 얘기할 때 쓰는 패턴입니다. 뒤에 철자, 번호 등을 천천히 또박또박 말하는 게 중요합니다.

유사 패턴 Sure, it's... ‖ Okay, it's... ‖ Ready? It's...

패턴 집중 훈련

네, J, O, N입니다.　　　　　　　　**Yes, it's J-O-N.**

네, 2, 7, 5, 4입니다.　　　　　　　**Yes, it's 2-7-5-4.**

네, limited할 때 LTD입니다.　　　　**Yes, it's LTD, as in limited.**

네, 한국 부산입니다.　　　　　　　**Yes, it's in Busan, Korea.**

네, 철자가 T 두 개입니다.　　　　　**Yes, it's spelled with two Ts.**

리얼 회화 연습

A **I'm sorry, can you spell that for me?**

B 네, I, N, C, H, E, O, N입니다.

A **Sorry? The first letter was I?**

B **Yes, I as in* "ice."**

A 죄송하지만 철자를 말씀해 주시겠습니까?
B Yes, it's I-N-C-H-E-O-N.
A 네? 첫 글자가 I였나요?
B 네, ice할 때 I요.

· 요건 덤!·

* 철자를 말하면서 상대방이 이해하기 좋게 쉬운 단어의 첫 글자를 예로 들어 말할 때 as in(할 때)이라고 하죠.

도전! 실전 회화

네, Y, I입니다.

⇒ _____

Actually, not~ It's...

실은, ~이 아니고 …입니다

상대방이 자기가 준 정보를 잘못 알아들었을 때 바로잡아 주는 패턴입니다. 이 상황에서는 인내심을 가지고 천천히 또박또박 얘기해 줘야겠죠.

유사 패턴 Well, not~ I meant...

실은, 청수가 아니고 청주입니다.	**Actually, not** Cheongsu. **It's** Cheongju.
실은, Bark이 아니고 Park입니다.	**Actually, not** Bark. **It's** Park.
실은, G가 아니고 Z입니다.	**Actually, not** G. **It's** Z.
실은, L, I가 아니고 L, E, E입니다.	**Actually, not** L-I. **It's** L-E-E.

A Yes, it's Sunjin Limited.

B That's spelled... S-O-N-J-E-A-N?

A 실은, S, U, N, J, I, N입니다, 선진.

B Okay, I see. Let me just write that down.

A 네, 선진 Limited입니다.
B 철자가 S, O, N, J, E, A, N입니까?
A Actually, it's S-U-N-J-I-N. Sunjin.
B 네, 그렇군요. 좀 적겠습니다.

실은, Soul이 아니고 Seoul입니다.

⇒ _____

38

Sorry, I think...

죄송한데, ~인 것 같습니다

전화 통화를 할 때 예상치 못한 통화 상태 문제가 생길 수 있습니다. 이 패턴은 그런 문제가 생겼을 때 상대방에게 양해를 구하는 표현으로 쓸 수 있습니다. '주어+동사'가 뒤에 옵니다.

유사 패턴 Sorry, it seems...

죄송한데, 통화가 끊겼던 것 같습니다.　　　Sorry, I think **we got disconnected.**

죄송한데, 통화 상태가 좋지 않은 것 같습니다.　Sorry, I think **we have a bad connection.**

죄송한데, 잡음이 너무 심한 것 같습니다.　　Sorry, I think **there's too much static.**

죄송한데, 목소리가 끊기는 것 같습니다.　　Sorry, I think **you're breaking up.**

죄송한데, 어쩌면 끊기게 될 것 같습니다.　　Sorry, I think **we might get cut off.**

have a bad connection 혼선 되다, 통화 상태가 좋지 않다　static (통화의) 잡음

A Jane, did you hear me?

B 죄송한데, 제 배터리가 다 되어 가는 것 같습니다.

A Oh, that's what it is. What do you want to do?

B I'll need to recharge it before I can call you back.

A Jane, 내 말 들렸어요?
B Sorry, I think my battery is running out.*
A 아, 그래서 그러는군요. 어떻게 할까요?
B 배터리를 충전한 뒤에 다시 전화드려야 할 것 같습니다.

요건 덤!

* run out은 '다 떨어지다'라는 뜻으로, 배터리, 휘발유, 식량, idea 같은 것에 쓸 수 있습니다.

step3 도전 실전 회화

죄송한데, 제가 버튼을 잘못 눌렀던 것 같습니다.

⇒ _____

I'll make sure (to)...

잊지 않고 ~하도록 하겠습니다 / ~하겠습니다

이 패턴은 전화 건 사람의 요청을 부재자에게 전달하겠다는 약속을 하는 표현입니다. 패턴 뒤에는 'to+동사' 또는 '주어+동사'가 들어가는 절이 붙습니다. 주의할 점은 둘 다 동사를 현재시제로 쓴다는 겁니다.

 **패턴 집중 훈련**

| 잊지 않고 그에게 알려 드리겠습니다. | I'll make sure to remind him. |

잊지 않고 그에게 알려 드리겠습니다.　I'll make sure to remind him.

잊지 않고 그녀에게 얘기하겠습니다.　I'll make sure to tell her.

잊지 않고 파일을 보내 드리겠습니다.　I'll make sure to send you the file.

잊지 않고 그에게 메시지가 전달되도록 하겠습니다.　I'll make sure he gets the message.

잊지 않고 그녀가 전화드리도록 하겠습니다.　I'll make sure that she calls you back.

step2 리얼 회화 연습

A Hi, Missy. Isn't Brad in the office?
B Hi, J. K. He's downstairs. Did you try his cell?
A Yes, I did, but it's off. That's why called you.
B 잊지 않고 전화 왔었다고 전해 드리겠습니다.

A 안녕하세요, Missy. Brad 사무실에 없나요?
B 안녕하세요, J. K. 아래층에 있어요. 휴대폰으로 전화해 봤나요?
A 네, 했지만 전원이 꺼져 있더군요. 그래서 당신에게 전화한 겁니다.
B I'll make sure he knows you called.

step3 도전! 실전 회화

잊지 않고 그런 일이 다시 벌어지지 않도록 하겠습니다. (happen)

⇒ _____

40

Unit

03

전화 연결 및 약속 정하고 바꾸기

Q. 다음 말을 영어로 할 수 있나요?

- 다시 전화드릴까요?

  ⬤⬤⬤⬤⬤⬤⬤ call you back?

- 제 달력을 지금 확인해 보겠습니다.

  ⬤⬤⬤⬤⬤⬤⬤ my calendar.

- 내일이 어떻겠습니까?

  ⬤⬤⬤⬤⬤⬤⬤ tomorrow ⬤⬤⬤⬤⬤⬤⬤ ?

- 지금 논의하는 게 어떨까요?

  ⬤⬤⬤⬤⬤⬤⬤ discuss it now?

- 유감이지만 같이 갈 수 없습니다.

  ⬤⬤⬤⬤⬤⬤⬤ go with you.

- 대신 나중에 얘기해도 될까요?

  ⬤⬤⬤⬤⬤⬤⬤ talk later ⬤⬤⬤⬤⬤⬤⬤ ?

정답. Do you want me to / Let me just check / How does, sound / How about we / I'm afraid I can't / What do you say we, instead

Do you want me to...?

~을 할까요?

이 패턴은 상대방의 의사를 물을 때 사용하는 패턴으로, 전화 통화상 현재 해결하기 어려운 부분이 있을 때 많이 활용되죠. 패턴 뒤에는 동사구가 붙습니다.

유사 패턴 Would you like me to...?

 step1 패턴 집중 훈련

다시 전화드릴까요?	Do you want me to call you back?
끊지 말고 기다릴까요?	Do you want me to stay on the line?
의제를 보내 드릴까요?	Do you want me to send you the agenda?
내일 들를까요?	Do you want me to come by tomorrow?
스케줄을 바꿀까요?	Do you want me to change the schedule?

 step2 리얼 회화 연습

A　Thanks for waiting, Stella. I had to take the call.*

B　No problem. Are you free now?

A　Sorry, but I have maybe two minutes to talk.

B　그럼 나중에 오후 쯤 전화드릴까요?

A　기다려 줘서 고마워요, Stella. 그 전화를 꼭 받아야만 해요.

B　괜찮습니다. 지금은 시간 괜찮으세요?

A　죄송하지만 한 2분 정도 통화가 가능할 것 같아요.

B　Do you want me to call you later this afternoon then?

 요건 덤!

* take the call은 answer the phone과는 달리 전화 건 사람이 누구인지 알고 받는다는 뉘앙스가 있습니다.

 step3 도전! 실전 회화

대신 이메일 보내 드릴까요? (send)

⇒ _____

42

Let me just check...

~을 지금 확인해 보겠습니다

전화 통화 중 약속을 잡기 전에 자신의 일정이나 중복되는 스케줄이 없는지 확인을 할 때가 있습니다. 이런 경우 잠시 기다려달라는 뜻의 표현입니다.

유사 패턴 Hold on, I'll check... ‖ I'll just go ahead and check...

 **패턴 집중 훈련**

제 달력을 지금 확인해 보겠습니다.	**Let me just check** my calendar.
일정을 지금 확인해 보겠습니다.	**Let me just check** the schedule.
그걸 지금 빨리 확인해 보겠습니다.	**Let me just check** it real quick.
파일을 지금 확인해 보겠습니다.	**Let me just check** the file.
제 비서와 지금 확인해 보겠습니다.	**Let me just check** with my secretary.

step2 리얼 회화 연습

A **What did you think of the designs I e-mailed you?**

B **Sorry. I just got back to the office. I haven't seen them yet.**

A **Well, I need your feedback ASAP.**

B **Okay.** 받은 편지함을 지금 확인해 볼게요. **Ah, here it is.**

A 이메일로 보내 드린 디자인 어떻게 생각해요?
B 죄송합니다. 방금 사무실로 돌아왔거든요. 아직 못 봤어요.
A 음, 당신 피드백이 가능한 한 빨리 필요한데요.
B 네. Let me just check my inbox. 아, 여기 있네요.

 **도전! 실전 회화**

제 컴퓨터를 지금 확인해 보겠습니다.

⇒ _____

How does... sound?

~이 어떻겠습니까?

상대방과의 약속을 위해 특정 날짜나 시간을 제시할 때 사용하는 완곡한 표현입니다. 직역하면 어떻게 귀에 들리느냐로, 즉 제안이 괜찮은지를 묻는 것이죠.

유사 패턴 Does... work for you? ∥ Would... be good for you?

5시가 어떻겠습니까?	How does five o'clock sound?
내일이 어떻겠습니까?	How does tomorrow sound?
수요일이 어떻겠습니까?	How does Wednesday sound?
이번 주가 어떻겠습니까?	How does this week sound?
다음 달이 어떻겠습니까?	How does next month sound?

A It looks like we'll need to discuss it in person.*

B All right. 월말이 어떻겠습니까?

A It might be better if it's earlier.

B Okay. I'm tied up this week, so let's get together sometime next week.

A 아무래도 직접 만나서 의논해야 할 것 같습니다.
B 그렇죠. How does the end of the month sound?
A 그 전이면 더 좋을 것 같은데요.
B 알겠습니다. 저는 이번 주에 바쁘니까, 다음 주쯤 만납시다.

> 요건 덤!
>
> * in person은 말 그대로 '직접', '몸소'
> 라는 뜻이고 face-to-face도 같은 뜻입
> 니다.

오늘 오후가 어떻겠습니까?

⇒ _____

44

How about we...?

(우리) ~하는 게 어떨까요?

상대방에게 무언가를 제안할 때 사용하는 패턴으로, 동사가 뒤에 따릅니다. 상대방과 어떤 행동을 같이 하자고 제안하는 것이기에 주어는 we이죠.

유사 패턴 Could we...? ∥ Would it be possible for us to...?

step1 패턴 집중 훈련

직접 만나는 게 어떨까요?	**How about we meet in person?**
다음 주에 다시 통화하는 게 어떨까요?	**How about we talk again next week?**
점심을 같이하는 게 어떨까요?	**How about we get together for lunch?**
지금 논의하는 게 어떨까요?	**How about we discuss it now?**
그녀와 전화 회의를 하는 게 어떨까요?	**How about we get on a conference call with her?**

step2 리얼 회화 연습

A Hi, Melanie. Sorry, but I can't make it to your office this afternoon.

B Oh, that's too bad. So what do you want to do?

A 금요일로 날짜를 조정하는 게 어떨까요? **Same time?**

B Friday same time works for* me.

A 안녕, Melanie. 죄송한데, 오늘 오후 그쪽 사무실에 못 가게 됐어요.
B 아, 아쉽네요. 그럼 어떻게 하고 싶으세요?
A How about we reschedule it for Friday? 같은 시간에요.
B 금요일 같은 시간은 저도 괜찮아요.

요건 덤!

* ~ works for는 '어떤 것이 효과가 있다', 즉 '적절하다'라는 뜻입니다.

step3 도전! 실전 회화

그건 논의하지 않는 게 어떨까요?

⇒ _____

I'm afraid I can't...

유감이지만 ~할 수 없습니다

상대방의 의견 또는 제안에 대해 조심스럽게 반대나 거절을 할 때 사용하는 아주 예의 바른 패턴입니다. 자신의 유감이나 우려를 afraid라는 단어로 표현한 것이죠. afraid 뒤에 that을 넣어도 됩니다.

유사 패턴 Unfortunately, I'm not able to... ‖ Sorry, but I cannot...

step1 패턴 집중 훈련

유감이지만 도움을 드릴 수 없습니다.	**I'm afraid I can't help you.**
유감이지만 그건 말씀 드릴 수 없습니다.	**I'm afraid I can't discuss that.**
유감이지만 월요일에 만날 수 없습니다.	**I'm afraid I can't meet you on Monday.**
유감이지만 같이 갈 수 없습니다.	**I'm afraid I can't go with you.**
유감이지만 상세히 말씀 드릴 수 없습니다.	**I'm afraid I can't go into details.**

go into details 깊이 들어가다, 자세히 말하다

step2 리얼 회화 연습

A When is the next meeting?

B It's on Friday. You're attending, aren't you?

A This Friday? Well, 유감이지만 전 참석 못합니다. I'm off that day.

B That's too bad. I'll e-mail you the minutes then.

A 다음 회의가 언제죠?
B 금요일입니다. 참석하시는 거 맞죠?
A 이번 금요일이요? 아, I'm afraid I can't make it.* 전 그날 휴가입니다.
B 아쉽게 됐네요. 그럼 제가 회의록을 이메일로 보내 드릴게요.

요건 덤!
* make it은 '살아남다', '성공하다'라는 뜻인데, 약속에 대해 말할 때는 '제때 도착하다'라는 뜻으로 사용됩니다.

step3 도전! 실전 회화

유감이지만 지금 그것에 대해 얘기할 수 없습니다.

⇨ _____

46

What do you say we... instead?

대신 ~해도 될까요?

이 패턴은 상대방이 제시한 것에 대해 거절을 하면서 대안을 제시할 때 사용하는 패턴입니다. we 뒤에는 동사구가 옵니다.

유사 패턴 Is it okay if we... instead? ‖ Can we... instead?

step1 패턴 집중 훈련

대신 저녁을 같이해도 될까요?	What do you say we **have dinner** instead?
대신 7월에 만나도 될까요?	What do you say we **meet in July** instead?
대신 나중에 얘기해도 될까요?	What do you say we **talk later** instead?
대신 Joey에게 물어봐도 될까요?	What do you say we **ask Joey** instead?

step2 리얼 회화 연습

A I don't have an answer for you yet.

B Okay, should I call you again later next week?

A You know, I'll be on the road* next week.
대신 그 다음 주에 전화 통화해도 될까요?

B That'll be fine. Talk to you then.

A 아직 답변을 드릴 수가 없네요.
B 네, 다음 주에 다시 전화드릴까요?
A 그게, 다음 주에 전 출장 중일 겁니다.
What do you say we talk on the phone the following week instead?
B 좋습니다. 그럼 그때 통화해요.

> 요건 덤!
>
> * on the road는 말 그대로 길에 있다는 뜻입니다. 비즈니스 회화에서는 장기간 길에서 이동 중, 즉 '출장 중'이라는 뜻이죠.

step3 도전! 실전 회화

대신 호텔 바로 가도 될까요?

⇨ _____

전화 통화 미루기 및 마무리하기

Q. 다음 말을 영어로 할 수 있나요?

- 전 지금 회의 중입니다.

  _____ in a meeting _____ .

- 저기, 조금 있다가 전화드려도 될까요?

  _____ , _____ a little later?

- 이 건에 대해 전화해 주셔서 고맙습니다.

  _____ calling me about it.

- 합의하게 되어서 기쁩니다.

  _____ agree.

- 그럼, 곧 뵙겠습니다.

  _____ , _____ see you soon.

I'm... right now.

전 지금 ~입니다.

전화를 받을 때 다른 일 때문에 바쁜 경우 통화하기 힘든 이유를 알려 주면서 사용하는 표현입니다. 이런 상황에서는 on, in, with, at처럼 전치사가 들어가는 경우가 많습니다. 형용사가 따를 때도 있죠.

유사 패턴 I'm currently... ‖ At the moment, I'm...

전 지금 다른 전화를 받고 있습니다.	I'm on the other line right now.
전 지금 회의 중입니다.	I'm in a meeting right now.
전 지금 막 나가려던 참입니다.	I'm on my way out right now.
전 지금 고객과 같이 있습니다.	I'm with a client right now.
전 지금 좀 바쁩니다.	I'm a little tied up right now.

tied up 어떤 일 때문에 바쁜

A Hi, Jane. You sound busy. Did I catch you at a bad time*?

B 지금 전 식당에 있습니다. Can I call you right back?

A Actually, it's not urgent. I can wait.

B No, it's all right. I'm almost done here anyway.

A 안녕하세요, Jane. 바쁜 것 같네요. 통화하기 어려운가요?
B I'm at a restaurant right now. 제가 바로 다시 전화드려도 될까요?
A 사실 급한 건 아닙니다. 나중에 말해도 됩니다.
B 아닙니다. 괜찮습니다. 어차피 여기 일 거의 다 끝났어요.

요건 덤!
* catch ~ at a bad time은 상대방에게 좋지 않은 때(바쁠 때)에 연락했을 경우 쓰는 표현입니다.

전 지금 택시 안에 있습니다.

⇒ _____

Listen, can I call you...?

저기, ~ 전화드려도 될까요?

Listen은 Look, Hey와 함께 상대방의 주의를 집중시킬 때 사용하는 격식을 갖추지 않은 감탄사인데, 이는 친분이 어느 정도 있는 사이에서만 써야 합니다. 그리고 Listen에 강세를 너무 세게 주면 화가 난 것으로 들릴 수 있으니 주의하세요.

유사 패턴 Look, mind if I call you...? ‖ Hey, let me call you...

저기, 금방 다시 전화드려도 될까요?   **Listen, can I call you right back?**

저기, 조금 있다가 전화드려도 될까요?   **Listen, can I call you a little later?**

저기, 10분 후에 전화드려도 될까요?   **Listen, can I call you in ten minutes?**

저기, 내일 전화드려도 될까요?   **Listen, can I call you tomorrow?**

저기, 제가 시간이 날 때 전화드려도 될까요? **Listen, can I call you when I'm free?**

A Hello?

B Hi, this is C. J. Park. Are you busy?

A Hi, C. J. 저기, 다시 전화드려도 될까요? I'm in a meeting.

B Sure. I'll wait for your call.

A 여보세요?

B 안녕하세요, C. J. Park입니다. 바쁘세요?

A 안녕하세요, C.J. **Listen, can I call you back?** 회의 중이라서요.

B 그럼요. 전화 기다리겠습니다.

저기, 오후에 다시 전화드려도 될까요? (back)

⇨ _____

I appreciate you -ing...

~해 주셔서 고맙습니다

비즈니스 커뮤니케이션에서는 대부분의 상황에서 상대방에게 하는 가벼운 감사 표현은 기본입니다. 이럴 때는 간단히 I appreciate you에 -ing 형태의 동명사를 넣으면 됩니다.

유사 패턴 Thanks for -ing...

상황을 설명해 주셔서 고맙습니다.
I appreciate you explaining the situation.

이 건에 대해 전화해 주셔서 고맙습니다.
I appreciate you calling me about it.

귀띔해 주셔서 고맙습니다.
I appreciate you giving me the heads up.

시간을 내서 전화해 주셔서 고맙습니다.
I appreciate you taking the time to call.

give the heads up 정보나 주의를 주다

A **Hey, Mel, this is Larry.**

B **Larry!** 이렇게 빨리 응답 전화를 해 주셔서 고맙습니다.

A **Well, I figured* it had to be important.**

B **It is. I got a call from the factory in China about an hour ago.**

A 안녕하세요, Mel. Larry입니다.
B Larry! I appreciate you returning my call so quickly.
A 뭐, 중요한 건인 것 같아서요.
B 맞아요. 한 시간 전쯤에 중국 공장으로부터 전화를 받았습니다.

— 요건 덤! —
* I figured는 '짐작했다' 또는 '~인 것 같았다'라는 뜻으로 격식을 차리지 않은 표현입니다.

step3 도전 실전 회화

알려줘서 고맙습니다.

⇒ _____

I'm glad we...

~하게 되어서 기쁩니다

대화 끝에 어떤 합의점에 이르렀을 때 '~하게 되어 좋다', '~하게 되어 기쁘다', '~하게 되어 다행이다'라는 의미로 말하면서 쓰는 패턴입니다. 뒤에는 동사가 따릅니다.

유사 패턴 It's good that we...

step1 패턴 집중 훈련

합의하게 되어서 기쁩니다.	I'm glad we agree.
얘기를 나눌 기회가 되어서 기쁩니다.	I'm glad we got a chance to talk.
이렇게 논의를 할 수 있어서 기쁩니다.	I'm glad we had this discussion.
얘기가 통해서 기쁩니다.	I'm glad we are on the same page.
그걸 명확하게 할 수 있어서 기쁩니다.	I'm glad we made that clear.

on the same page 같은 입장인, 얘기가 통하는

step2 리얼 회화 연습

A **So that's my side of the story,* Fran. I wasn't even at the meeting.**

B **Wow.* 이것에 대해 얘기를 나눌 수 있어서 기쁩니다.**

A **Me, too. At least now you know what really happened.**

B **Well, I never doubted you.**

A 그래서 그게 제 입장입니다. Fran. 전 회의에도 없었거든요.
B 그거 참. **I'm glad we were able to talk about this.**
A 저도요. 적어도 실제 상황이 어땠는지 이제 아셨잖아요.
B 뭐, 전 당신을 전혀 의심하지 않았어요.

요건 덤!

* 누구의 side of the story는 그 사람의 '입장'이라는 뜻입니다.
* Wow는 놀라움을 표시하는 감탄사로서 '그거 참' 정도의 뜻이 되겠습니다.

step3 도전! 실전 회화

내일 만날 수 있게 되어서 기쁩니다.

⇒ _____

All right, I'll...

그럼, ~하겠습니다

All right은 전화를 끊기 전에 얘기를 마무리할 때 쓰는 표현입니다. All right 대신 Well이나 Great을 쓸 수도 있죠.

유사 패턴 Well, then I'll... ‖ Great, so I'll...

step1 패턴 집중 훈련

그럼, 곧 뵙겠습니다.	**All right, I'll** see you soon.
그럼, 이만 끊겠습니다.	**All right, I'll** let you go.
그럼, 내일 통화하겠습니다.	**All right, I'll** talk to you tomorrow.
그럼, 문자 메시지 기다리겠습니다.	**All right, I'll** wait for your text.
그럼, 그에게 메시지를 전달하겠습니다.	**All right, I'll** give him the message.

step2 리얼 회화 연습

A   Listen, I think my boss is calling me.

B   Okay. Why don't you call me back then?

A   그래요, 바로 전화 다시 드릴게요.

B   Great. Bye.

A   저기, 제 상사가 저를 부르는 것 같습니다.
B   네. 그럼 저에게 다시 전화 주시는 게 어떨까요?
A   All right, I'll call you right back.
B   좋습니다. 그럼.

step3 도전! 실전 회화

그럼, 그분께 말씀드리겠습니다.

⇒ _____

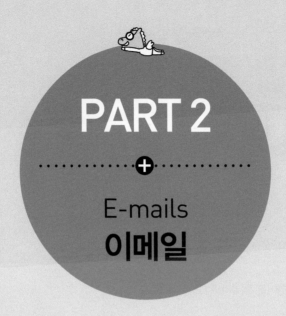

PART 2

+

E-mails
이메일

이 PART에서 등장하는 e-mail 표현들은 문서에서뿐만 아니라 비즈니스 회화에서도 매우 유용하게 쓰입니다. 이메일의 **주요 용건**은 상대방이 **쉽게 파악할 수 있도록 첫 문장**에 쓰는 것이 좋고, 맺음말에서는 용건에 대한 기대감 또는 감사의 뜻을 나타내는 것이 효과적입니다.

서두
- 인사말
- 이유 / 주제 언급

본문
- 좋은 소식
- 나쁜 소식
- 질문 / 요청 / 제안
- 불만사항 / 항의 / 클레임
- 감사
- 사과
- 의견
- 회사 / 제품 홍보
- 첨부 파일 / 정보 전달

결미
- 기대감 및 감사 표현
- 추가 사항 문의 요청
- 결구

Unit 05

서두

Q. 다음 말을 영어로 할 수 있나요?

- 해결책을 제의하려고 이메일 보냅니다.

  _____ propose a solution.

- 최근에 보내신 이메일에 관한 것입니다.

  _____ your last e-mail.

- 인사차 몇 자 적어 보냅니다.

  _____ to say hi.

- 주문에 감사 드립니다.

  _____ your order.

- 요청하신 대로, 최신 정보입니다.

  _____ , here's the update.

- 답변을 드리자면, 거절을 해야 할 것 같습니다.

  _____ , I will have to say no.

- 좋은 소식을 듣게 되어 기쁩니다.

  _____ get the good news.

- 이사회가 이번 안을 거부했다고 알려 드리게 되어 유감입니다.

  _____ the board rejected the plan.

정답. I'm writing to / This is regarding / I wanted to drop you a line / Thank you for / As you requested / To answer your question / We are happy to / We regret to inform you that

I'm writing to...

~하려고 이메일 보냅니다

이메일을 쓸 때 가장 간단하고도 쉽게 목적을 밝힐 수 있는 패턴입니다. 패턴 뒤에는 동사로 이메일을 쓴 목적을 정확히 밝히면 되겠죠.

유사 패턴 This is an e-mail to...

 **패턴 집중 훈련**

부탁을 하나 하려고 이메일 보냅니다.	I'm writing to ask a favor.
제 생각을 말씀드리려고 이메일 보냅니다.	I'm writing to give you my thoughts.
참석을 알려드리려고 이메일 보냅니다.	I'm writing to let you know I will be there.
해결책을 제의하려고 이메일 보냅니다.	I'm writing to propose a solution.
감사하다는 말씀을 드리려고 이메일 보냅니다.	I'm writing to express my appreciation.

 **리얼 회화 연습**

어제 회의 참석에 대해 감사를 드리려고 이메일 보냅니다.

Your insightful comments made it a lively and productive meeting for everyone.
I hope to see you again at the meeting next week.

I'm writing to thank you for attending the meeting yesterday.
통찰력 있는 견해를 제시해 주신 덕분에 모두에게 활기 넘치고 생산적인 회의가 되었습니다.
다음 주 회의에서 또 뵙기를 바랍니다.

 **도전 실전 회화**

귀하의 지원서를 받았다는 것을 알려 드리려고 이메일 보냅니다. (application)

⇨ _____

This is regarding...

~에 관한 것입니다

앞의 패턴이 무엇을 하기 위해 이메일을 보내는 것인지 설명하는 것이라면, 이 패턴은 이메일을 쓰는 목적을 명사로 간단하게 말하는 것입니다. 뒤에 명사가 붙으며, 다소 격식을 차린 뉘앙스가 있는 패턴이죠.

유사 패턴 This is in regards to...

최근에 보내신 이메일에 관한 것입니다.	**This is regarding** your last e-mail.
당신의 최근 행동에 관한 것입니다.	**This is regarding** your recent behavior.
신규 쇼핑몰 프로젝트에 관한 것입니다.	**This is regarding** the new mall project.
CEO의 메모에 관한 것입니다.	**This is regarding** the CEO's memo.
곧 있을 회의에 관한 것입니다.	**This is regarding** the upcoming meeting.

신규 휴가 방침에 관한 것입니다.

I feel it is unfair for the employees working outside of Asia.
There are two important reasons.

This is regarding the new vacation policy.
저는 이것이 아시아가 아닌 다른 곳에서 일하는 직원들에게 불공평하다고 생각됩니다.
두 가지 중요한 이유가 있습니다.

제가 어제 받은 회의록에 관한 것입니다. (minutes)

⇒  _____

58

I wanted to drop you a line...

~ 몇 자 적어 보냅니다

이 패턴은 지인에게 짧게 어떤 소식을 전할 때 쓰는 캐주얼하고 친근감 있는 패턴입니다. a line은 원래 '필기로 된 글자 몇 개'라는 뜻에서 유래되었죠. 패턴 뒤에는 'to+동사' 또는 'about+명사'가 붙습니다.

유사 패턴 This is a short note...

step1 패턴 집중 훈련

인사차 몇 자 적어 보냅니다.	**I wanted to drop you a line** to say hi.
계약을 따낸 걸 알려 주려고 몇 자 적어 보냅니다.	**I wanted to drop you a line** to let you know we got the contract.
다음 주 내내 자리를 비우는 걸 알려 주려고 몇 자 적어 보냅니다.	**I wanted to drop you a line** to tell you I'll be gone all next week.
여기 상황에 대해 몇 자 적어 보냅니다.	**I wanted to drop you a line** about the situation here.
곧 있을 여행에 대해 몇 자 적어 보냅니다.	**I wanted to drop you a line** about the upcoming trip.

step2 리얼 회화 연습

당신 메모에 동의한다는 걸 알려 주려고 몇 자 적어 보냅니다.

In fact, I think we should rethink the whole marketing strategy for Brazil. With the world economy the way it is,* it's overly optimistic.

I wanted to drop you a line to tell you I agree with your memo.
사실 브라질에 대한 마케팅 전략을 전반적으로 재고하는 것이 좋을 것 같아요.
세계 경제 상태를 봤을 때 그건 지나치게 낙관적입니다.

요건 덤!
* the way it is는 '있는 그대로'라는 뜻입니다.

step3 도전 실전 회화

내일 저녁 식사에 대해 몇 자 적어 보냅니다.

⇒ _____

Thank you for...

~에 감사드립니다 / ~해 주셔서 감사합니다

받은 메일에 답장을 할 때 가장 효과적으로 시작하는 방법은 고마움을 표현하는 Thank you for... 패턴을 사용하는 것입니다. 간단하게 뒤에 명사나 동명사(-ing)를 붙이면 되죠. '정말로', '너무나도'처럼 강조를 하고 싶다면 you와 for 사이에 very much 또는 so much를 넣으면 됩니다.

유사 패턴 | I appreciate... ‖ Thanks for... (비격식적인 표현)

 **step 1** 패턴 집중 훈련

주문에 감사드립니다.	**Thank you for** your order.
사진을 보내 주셔서 감사합니다.	**Thank you for** sending me the photos.
빠른 답장에 감사드립니다.	**Thank you for** responding so quickly.
피드백에 정말 감사드립니다.	**Thank you** very much **for** your feedback.
초대해 주셔서 정말로 감사합니다.	**Thank you** so much **for** the invitation.

 **step 2** 리얼 회화 연습

프레젠테이션 슬라이드를 보내 주셔서 정말로 감사합니다.

They were beautifully designed!
I can easily see why the audience was so impressed yesterday.

Thank you so much for sending me your presentation slides.
디자인이 정말 멋졌어요!
어제 청중들이 왜 그렇게 감명을 받았는지 쉽게 이해가 되더군요.

 **step 3** 도전! 실전 회화

저희 제품에 대한 관심에 감사드립니다. (interest)

⇨ _____

60

As you requested,...

요청하신 대로, ~

부서나 회사에 따라 요청의 종류는 다양합니다. 어떤 요청에 대해서건 대부분 이 패턴 하나로 간단하게 답변을 할 수 있죠.
뒤에는 '주어+동사'가 포함되는 절이 붙습니다.

유사 패턴 Per your request,...

step1 패턴 집중 훈련

요청하신 대로, 보고서를 첨부합니다.	**As you requested,** I'm attaching the report.
요청하신 대로, 예약이 취소되었습니다.	**As you requested,** your reservation has been cancelled.
요청하신 대로, 최신 정보입니다.	**As you requested,** here's the update.
요청하신 대로, 항공 우편으로 샘플을 보냈습니다.	**As you requested,** we've sent you the sample by air mail.
요청하신 대로, 5월 15일자로 날짜가 바뀌었습니다.	**As you requested,** the date has now been changed to May 15.

step2 리얼 회화 연습

요청하신 대로, 명세서 사본을 당신에게 보내라고 Joey Simms에게 부탁했습니다.

From what I understand, it's a fairly big file.
So it will probably take you a while to get through* it.

As you requested, I've asked Joey Simms to send you a copy of the specifications.
제가 아는 바로는 꽤 큰 파일입니다.
그러니 다 읽으시려면 아마 시간이 좀 걸리실 겁니다.

> 요건 덤!
> * get through는 '~을 끝내다'라는 의
> 미로, 여기서는 '다 읽다'가 되겠죠.

step3 도전 실전 회화

요청하신 대로, 내일 오후 5시에 전화하겠습니다.

⇒ _____

To answer your question,...

답변을 드리자면, ~

이메일은 질문에 대한 답변을 할 때 유용합니다. 간단하게 답변을 할 수도 있지만 이메일 첫 문장에 이 패턴을 사용하면 더 정중한 답변이 되겠죠. 여기서도 뒤에 '주어+동사'가 따릅니다.

유사 패턴 In response to your question,...

step1 패턴 집중 훈련

답변을 드리자면, 네, 그분에게 전화했습니다.	To answer your question, **yes, I did call him.**
답변을 드리자면, 거절을 해야 할 것 같습니다.	To answer your question, **I will have to say no.**
답변을 드리자면, Ms. Anderson은 이번 수요일에 도착합니다.	To answer your question, **Ms. Anderson will be arriving this Wednesday.**
답변을 드리자면, 아직 확신이 들지 않습니다.	To answer your question, **I'm still not convinced.**

step2 리얼 회화 연습

답변을 드리자면, 생각할 시간이 더 필요합니다.

I appreciate the offer, of course, but it's a big decision to make on my part.* I will let you know my decision very soon.

To answer your question, I need more time to think about it.
제안은 당연히 고맙지만, 제 입장에서는 이건 아주 중요한 결정이거든요.
곧 제 결정을 알려 드리겠습니다.

요건 덤!
* on my part는 '내 입장에서는', '내 딴에는'이라는 의미가 있습니다.

step3 도전! 실전 회화

답변을 드리자면, 아쉽게도 전근을 승인하지 못하겠습니다. (approve)

⇒ _____

We are happy to...

~하게 되어 기쁩니다

good news를 듣거나 알릴 때, 혹은 좋은 일이 성사되었을 때 기쁨을 표현하는 패턴입니다. '행복한'이라는 뜻의 happy 를 핵심 단어로 사용하는 이 패턴 뒤에는 동사가 따릅니다.

[유사 패턴] We are pleased to... ‖ It is our pleasure to...

좋은 소식을 듣게 되어 기쁩니다!

뉴욕에 저희 첫 매장을 개장한다는 사실을 알리게 되어 기쁩니다.

귀하의 신청서가 승인되었음을 알려드리게 되어 기쁩니다.

이번 지연은 일시적이었다는 걸 알리게 되어 기쁩니다.

We are happy to get the good news!

We are happy to announce the opening of our first store in New York.

We are happy to inform you that your application has been approved.

We are happy to say that the delay was only temporary.

당사의 새 디트로이트 사무실에 가구 공급을 위한 귀사의 제안서를 수락하게 되어 기쁩니다.

As we told you on Wednesday, we require delivery by early April. A draft of the supply contract is attached for your review.

We are happy to accept your proposal to supply furniture for our new Detroit office.
수요일에 말씀 드린 것처럼, 저희는 4월 초까지 납품이 필요합니다.
검토를 위해 납품 계약서 초안을 첨부합니다.

당신을 호놀룰루에서 만날 수 있다는 걸 알려 드리게 되어 기쁩니다.

⇨ _____

We regret to inform you that...

~이라고 알려 드리게 되어 유감입니다

좋지 않은 소식을 전해야 할 때 쓰는 패턴입니다. 안타까움이나 유감을 표현하는 말이 앞부분에 나오고, 뒤에는 구체적인 내용이 '주어+동사' 형태로 붙습니다.

유사 패턴 Regretfully, ... ‖ Unfortunately, ...

step1 패턴 집중 훈련

Mr. Lee가 그날엔 스페인에 계실 거라고 알려 드리게 되어 유감입니다.	**We regret to inform you that Mr. Lee will be in Spain on that date.**
당신의 요청을 수락할 수 없다고 알려 드리게 되어 유감입니다.	**We regret to inform you that we cannot accommodate your request.**
당사는 더 이상 그 모델을 생산하지 않는다고 알려 드리게 되어 유감입니다.	**We regret to inform you that we no longer produce that model.**
이사회가 이번 안을 거부했다고 알려 드리게 되어 유감입니다.	**We regret to inform you that the board rejected the plan.**

step2 리얼 회화 연습

신규 애리조나 프로젝트를 보류할 수 밖에 없다고 알려 드리게 되어 유감입니다.

Despite this unfortunate setback, we are committed to working closely with you on the Taiwan project.

We regret to inform you that we are forced to put the new Arizona project on hold.*
이번의 유감스러운 차질에도 불구하고, 저희는 여전히 대만 프로젝트에 귀사와 긴밀히 협력해서 일할 것입니다.

요건 덤!
* put ~ on hold는 '~을 보류하다'라는 의미입니다.

step3 도전! 실전 회화

계약을 취소한다고 알려 드리게 되어 유감입니다. (cancel)

⇨ _____

Congratulations on...

~을 축하합니다

이 패턴은 좋은 일에 대해 축하한다는 의미의 표현입니다. 축하하는 대상을 명사 또는 동명사 형태로 붙이면 되죠. 축하를 하는 문장인 만큼 마침표 대신 느낌표를 넣는 것도 좋습니다.

유사 패턴 I'd like to congratulate you on... ‖ My congratulations to you on...

 **step 1** 패턴 집중 훈련

축하합니다!

Congratulations!

승진을 축하합니다.

Congratulations on your promotion.

성공적인 업무 수행을 축하합니다!

Congratulations on a job well done!

광고 캠페인 성공을 축하합니다.

Congratulations on the success of the ad campaign.

계약 수주를 축하합니다.

Congratulations on winning the contract.

 **step 2** 리얼 회화 연습

이사로 임명되신 것을 축하합니다.

Everyone in my team was delighted at the news.
You certainly deserve the promotion.

Congratulations on your new position as director.
제 팀원 모두 이 소식에 기뻐했습니다.
승진할 만한 충분한 자격이 있으시죠.

 **step 3** 도전 실전 회화

결혼기념일을 축하합니다! (wedding anniversary)

⇨ _____

My name is..., with ~

전 ~ 사의 …라고 합니다

모르는 사람에게 이메일을 보낼 때는 자기가 누구인지 밝히는 것이 먼저입니다. 이 패턴을 쓸 때에는 is 다음에 이름과 성,
with 다음에는 회사 이름이 들어가죠.

유사 패턴 I'm..., with ~

전 TSO Korea 사의 John S. Seok이라고 합니다.	**My name is John S. Seok, with TSO Korea.**
전 Software Seoul 사의 구칠곡이라고 합니다.	**My name is Chil Gok Gu, with Software Seoul.**
전 화랑무역사의 Tim Bae라고 합니다.	**My name is Tim Bae, with Hwarang Imports.**
전 Golf Ace Korea 사의 Tiger Lee라고 합니다.	**My name is Tiger Lee, with Golf Ace Korea.**

Dear Mr. Hamel:

전 인천컨테이너사의 Grace Han이라고 합니다.

In the past, I worked closely with Jan McDougal from your shipping department.

Mr. Hamel께
My name is Grace Han, with Incheon Containers.
이전에는 귀사 발송부에 있는 Jan McDougal과 긴밀히 일을 했습니다.

Kang's Auto Supplies 사의 Carl Kang이라고 합니다.

⇨ _____

66

Unit
06

정보 / 첨부 파일 / 전달 사항

Q. 다음 말을 영어로 할 수 있나요?

- 지난번 이메일에 보고서를 첨부하는 걸 깜빡했네요.

  ⬚⬚⬚⬚⬚⬚⬚⬚⬚⬚ , ⬚⬚⬚⬚⬚⬚⬚⬚⬚ attach the report.

- 이건 당신의 파일용입니다.

  ⬚⬚⬚⬚⬚⬚⬚⬚ files.

- 의제를 첨부합니다.

  ⬚⬚⬚⬚⬚⬚⬚⬚ the agenda.

- 제가 약속했던 정보입니다.

  ⬚⬚⬚⬚⬚⬚⬚ the information I promised you.

- 그녀의 이메일을 전달합니다.

  ⬚⬚⬚⬚⬚⬚⬚ her e-mail.

In my last e-mail, I forgot to...

지난번 이메일에 ~을 깜빡했네요

하루에 많은 이메일을 작성하다 보면 가끔씩 내용을 빼먹고 보내는 경우가 생기죠. 이럴 때는 이 패턴에 동사를 붙여서 깜빡한 것이 무엇인지 알리면 됩니다.

유사 패턴 I didn't... in my last e-mail.

step1 패턴 집중 훈련

지난번 이메일에 보고서를 첨부하는 걸 깜빡했네요.	**In my last e-mail, I forgot to attach the report.**
지난번 이메일에 뭐 하나 말씀드리는 걸 깜빡했네요.	**In my last e-mail, I forgot to mention one thing.**
지난번 이메일에 아래 정보를 추가하는 걸 깜빡했네요.	**In my last e-mail, I forgot to add the following information.**
지난번 이메일에 날짜를 알려 주는 걸 깜빡했네요.	**In my last e-mail, I forgot to tell you the dates.**
지난번 이메일에 제 연락처를 드리는 걸 깜빡했네요.	**In my last e-mail, I forgot to give you my contact number.**

step2 리얼 회화 연습

지난번 이메일에 Bill의 역할에 대해 알려 주는 걸 깜빡했네요.

Bill will be contacting the client directly from now on.*
Then he'll share any information he gets with the rest of us.

In my last e-mail, I forgot to tell you about Bill's role.
이제부터 Bill이 고객과 직접 연락할 겁니다.
그런 후 그가 어떤 정보라도 받으면 나머지 우리들과 공유할 거죠.

> 요건 덤!
>
> * from now on은 '현재 시점부터'라는 뜻입니다.

step3 도전! 실전 회화

지난번 이메일에 사진들을 첨부하는 걸 깜빡했네요. (attach)

⇨ _____

This is for your...

이건 당신의 ~용입니다

이쪽에서 보내는 이메일의 사용 용도를 구체적으로 언급할 때 간단하게 사용할 수 있는 패턴입니다. 뒤에 명사가 붙습니다. For your information, here's the contact number.(참고하실 수 있도록 연락처 번호를 드립니다.)에서처럼 For your에 명사를 붙여서 다른 문장의 일부분으로 활용할 수도 있습니다.

이건 당신의 파일용입니다.	**This is for your files.**
이건 당신의 참고용입니다.	**This is for your reference.**
이건 오로지 당신만 보는 것입니다.	**This is for your eyes only.**
이건 당신의 검토용입니다.	**This is for your review.**
이건 당신이 꼼꼼히 살펴볼 것입니다.	**This is for your perusal.**

perusal 숙독, 정독

이건 당신이 최종적으로 승인할 것입니다.

Let me know if you're satisfied with this draft.
I need to send it off* to the attorneys ASAP.

This is for your final approval.
이번 초안에 만족하는지 알려 주십시오.
가급적 빨리 변호사들에게 보내야 되니까요.

───── 요건 덤! ─────
* send it에 off를 추가해서 자기 손에서
떠나 보낸다는 뉘앙스를 보태는 것입니다.

이건 당신의 참조용일 뿐입니다.

⇒ _____

I'm attaching...

~을 첨부합니다

메일 서버 용량이 계속 늘면서 여러 포맷의 파일을 간편하고 빠르게 첨부할 수 있게 되었죠. I'm attaching에다 첨부하는 것이 무엇인지를 언급하면 됩니다. 첨부파일이 무엇인지 상대방이 파악하기 쉽게 패턴 끝에 in과 포맷 종류 이름을 붙이면 더욱 좋습니다.

유사 패턴 I've attached... ‖ ...is/are attached.

저희 주문을 첨부합니다.	**I'm attaching** our order.
의제를 첨부합니다.	**I'm attaching** the agenda.
요청한 사진들을 첨부합니다.	**I'm attaching** the photos you asked for.
회의록을 PDF로 첨부합니다.	**I'm attaching** the minutes in PDF.
견적서를 엑셀로 첨부합니다.	**I'm attaching** the estimate in Excel.

I'm finally done with the new design.
JPEG로 첨부합니다.
Take a look at it, and let me know what you think.

새 디자인을 마침내 끝냈습니다.
I'm attaching it in JPEG.
한번 검토하시고, 어떻게 생각하는지 알려 주세요.

초대받은 사람 명단을 첨부합니다. (guest list)

⇨ _____

Here is...

~입니다

어떤 특정 정보를 언급하거나 열거하기 전에 하는 표현입니다. 뒤에는 명사가 오고, 마침표 또는 콜론이 가장 끝에 붙죠.

유사 패턴 ...is as below. ‖ ...is:

step1 패턴 집중 훈련

제가 약속했던 정보입니다.	**Here is** the information I promised you.
웹사이트 주소입니다.	**Here is** the Web site address.
그 회사의 답변입니다.	**Here is** the company's answer.
현재까지 우리가 가진 문제들입니다.	**Here are** the problems we have so far.
고려해야 하는 문제들입니다.	**Here are** some questions to consider.

step2 리얼 회화 연습

인터뷰 날짜들입니다:

July 2 – Ken Mann

July 3 – Linda Perkins

July 5 – Pat Smith

Here are the interview dates:
7월 2일 – Ken Mann
7월 3일 – Linda Perkins
7월 5일 – Pat Smith

step3 도전! 실전 회화

제품 명들입니다.

⇨ _____

I'm forwarding you...

~을 전달합니다

누군가에게서 받은 이메일 또는 파일을 다른 사람에게 전달할 경우가 생기면 이 패턴 뒤에 명사를 넣어 무엇을 전달하는지 밝히면 됩니다. 받은 이메일에서 '전달' 기능을 사용하면 간단하죠.

그녀의 이메일을 전달합니다.	**I'm forwarding you** her e-mail.
가격표 두 개를 전달합니다.	**I'm forwarding you** the two price lists.
부사장님의 메모를 전달합니다.	**I'm forwarding you** the memo from the VP.
Jimin International 사에서 받은 이메일을 전달합니다.	**I'm forwarding you** the e-mail I got from Jimin International.
제 여행 일정표를 전달합니다.	**I'm forwarding you** my itinerary.

Alex at Sanford Development is quite upset about the changes.
그가 제게 보낸 이메일을 전달합니다.
Bear in mind that this is for your eyes only.

Sanford Development 사에 있는 Alex가 변경사항에 대해 많이 화가 나 있습니다.
I'm forwarding you the e-mail he sent me.
이건 당신만 봐야 된다는 걸 염두에 두세요.

그 지도를 전달합니다.

⇒ _____

07

초대/요청 및 수락/거절

Q. 다음 말을 영어로 할 수 있나요?

- 제게 견적서를 보내 줄 수 있나요?

                  send me an estimate?

- 당사 신규 모델 시연회에 당신을 초대하게 되어 기쁩니다.

                  a demonstration of our new model.

- 회의에 기꺼이 참석하겠습니다.

                  the meeting.

- 아쉽게도, 중복되는 일정으로 인해 참석을 못하게 되었습니다.

                  ,   a conflicting schedule.

- 오후 2시까지 답변을 받았으면 합니다.

                  2 p.m.

Could you...?
~할 수 있나요?

누구에게 완곡한 뉘앙스로 부탁을 할 때 이 패턴을 활용해 원하는 것이 무엇인지를 동사구로 밝히면 됩니다. 가까운 사람이면 Could 대신 Can을 사용해도 되고, Mind -ing? 형식도 괜찮죠.

유사 패턴 Would you mind -ing...? ‖ Would it be possible for you to...?

 **패턴 집중 훈련**

제게 견적서를 보내 줄 수 있나요?	**Could you** send me an estimate?
그의 이메일을 제게 전달해 줄 수 있나요?	**Could you** forward me his e-mail?
파일을 그에게 이메일로 보낼 수 있나요?	**Could you** e-mail him the files?
저 대신 그녀와 얘기할 수 있나요?	**Could you** talk to her for me?
제품 평가서를 써 줄 수 있나요?	**Could you** write a review of the product?

 **리얼 회화 연습**

For some reason, I can't reach Sandra by e-mail.
스케치를 받았다고 전해 줄 수 있나요?
I know she wanted to make sure that I got them.

어떤 까닭인지 Sandra와 이메일로 연락이 되지 않습니다.
Could you tell her I've received the sketches?
제가 그걸 받았는지 확인하고 싶어했다는 걸 알거든요.

 **도전! 실전 회화**

그 주제에 관한 짧은 프레젠테이션을 해 줄 수 있나요? (subject)

⇨ _____

74

We are pleased to invite you to...

~에 당신을 초대하게 되어 기쁩니다

회사가 주최하는 행사에 상대방을 초대할 때 활용하는 패턴으로 명사가 붙습니다. 이때 무슨 행사인지 구체적으로 기재하는 것이 좋습니다.

유사 패턴 You are cordially invited to attend... ‖ We are happy to invite you to...

step1 패턴 집중 훈련

부산 매장 개장식에 당신을 초대하게 되어 기쁩니다.

당사의 소중한 고객들을 위한 특별 만찬에 당신을 초대하게 되어 기쁩니다.

Charlie Shin의 송별회에 당신을 초대하게 되어 기쁩니다.

당사 신규 모델 시연회에 당신을 초대하게 되어 기쁩니다.

We are pleased to invite you to the grand opening of our store in Busan.

We are pleased to invite you to a special dinner for our valued clients.

We are pleased to invite you to the going-away party for Charlie Shin.

We are pleased to invite you to a demonstration of our new model.

step2 리얼 회화 연습

저희의 새로운 다큐멘터리 상영에 당신을 초대하게 되어 기쁩니다.

The event will take place at our offices on Friday, March 2, at 2:00 p.m. Please refer to the attached map.

We are pleased to invite you to the screening of our new documentary.
행사는 3월 2일 금요일 오후 2시에 당사 사무실에서 열립니다.
첨부된 약도를 참조하시길 바랍니다.

step3 도전 실전 회화

당사 CEO가 주최하는 오찬에 당신을 초대하게 되어 기쁩니다. (luncheon)

⇒ _____

I'd be pleased to attend...

~에 기꺼이 참석하겠습니다

초대에 응할 때 기꺼이 참석하겠다는 뜻을 밝히는 패턴이죠. 뒤에는 간단하게 참석하고자 하는 행사 명칭을 명사로 표시하면 됩니다.

유사 패턴 I would be delighted to attend...

 step1 패턴 집중 훈련

회의에 기꺼이 참석하겠습니다.	**I'd be pleased to attend** the meeting.
파티에 기꺼이 참석하겠습니다.	**I'd be pleased to attend** the party.
개관식에 기꺼이 참석하겠습니다.	**I'd be pleased to attend** the ribbon-cutting ceremony.
오찬에 기꺼이 참석하겠습니다.	**I'd be pleased to attend** the luncheon.

step2 리얼 회화 연습

Thanks so much for inviting me to the global seminar on Monday.
세미나에 기꺼이 참석하겠습니다.
Please let me know if you would like me to prepare anything.

월요일에 있을 글로벌 세미나에 저를 초대해 주셔서 감사합니다.
I'd be pleased to attend the seminar.
제가 준비했으면 하는 것이 있다면 알려 주시기 바랍니다.

 step3 도전! 실전 회화

조찬 간담회에 기꺼이 참석하겠습니다. (breakfast meeting)

⇒ _____

Unfortunately, I won't be able to attend due to...

아쉽게도, ~으로 인해 참석을 못하게 되었습니다

종종 어떤 사유로 초대에 응하지 못하게 될 때가 있죠. 이럴 때는 상대방의 기분을 고려해서 이 패턴을 활용해서 적절한 이유를 대는 것이 좋습니다. 뒤에는 명사가 따릅니다.

유사 패턴 I'd love to attend, but unfortunately I have...

 **step1** 패턴 집중 훈련

아쉽게도, 중복되는 일정으로 인해 참석을 못하게 되었습니다.
Unfortunately, I won't be able to attend due to **a conflicting schedule.**

아쉽게도, 출장으로 인해 참석을 못하게 되었습니다.
Unfortunately, I won't be able to attend due to **a business trip.**

아쉽게도, 집안일로 인해 참석을 못하게 되었습니다.
Unfortunately, I won't be able to attend due to **family matters.**

아쉽게도, 선약으로 인해 참석을 못하게 되었습니다.
Unfortunately, I won't be able to attend due to **a prior engagement.**

step2 리얼 회화 연습

Thank you for inviting me to the presentation.
아쉽게도, 내부 회의로 인해 참석을 못하게 되었습니다.
I wish I could miss this meeting, but our director has insisted that I attend.

프레젠테이션에 초대해 주셔서 감사합니다.
Unfortunately, I won't be able to attend due to an internal meeting.
이번 회의에 빠졌으면 좋겠지만, 저희 이사님께서 제가 꼭 참석하기를 바라시네요.

 **step3** 도전! 실전 회화

아쉽게도, 다른 도시에서 있을 워크숍으로 인해 참석을 못하게 되었습니다. (workshop)

⇒ _____

I would like to receive your reply by...

~까지 답변을 받았으면 합니다

상대방에게 요청하거나 부탁한 사항에 대한 답변을 언제까지 보내 달라고 하는 패턴이죠. 여기에 날짜를 붙여 기한을 제시하면 됩니다.

유사 패턴 Please send me your reply by...

내일까지 답변을 받았으면 합니다.	I would like to receive your reply by tomorrow.
다음 주까지 답변을 받았으면 합니다.	I would like to receive your reply by next week.
오늘 오후 2시까지 답변을 받았으면 합니다.	I would like to receive your reply by 2 p.m. this afternoon.
퇴근 시간 전까지 답변을 받았으면 합니다.	I would like to receive your reply by the end of the business day.

Yolanda, it's imperative that* you give me some form of an answer.
늦어도 내일 정오까지 답변을 받았으면 합니다.
Otherwise, we can't move forward with the project.

Yolanda, 저에게 어떤 식으로든지 답변을 꼭 주셔야 합니다.
I would like to receive your reply by no later than noon tomorrow.
아니면, 이 프로젝트를 진행시킬 수 없습니다.

> 요건 덤!
> * it's imperative that~은 '~은 필수적이다'라는 의미가 있습니다.

다음 주 초까지 답변을 받았으면 합니다.

⇒ _____

Unit

08

회사/제품/사업 제안하기

Q. 다음 말을 영어로 할 수 있나요?

● 회사 파티에서 나눈 얘기 즐거웠습니다.

                  the company party.

● 당사는 국내 선두 온라인 게임회사입니다.

               online game company   .

● 보도자료를 작성하는 걸 도와드릴 수 있습니다.

               writing press releases.

● 귀사의 생산 요건을 충족시킬 수 있다고 확신합니다.

               production   .

● 저희 새 웹사이트의 개설을 알리게 되어 기쁩니다.

               our new Web site.

● 이 제품은 필요에 따라 업그레이드할 수 있게 해 줍니다.

               upgrade as needed.

● 합작 투자 가능성을 검토하고 싶습니다.

               joint venture.

● 우리의 결합된 전문성은 아시아에서 경쟁력을 줄 것입니다.

               give us the competitive edge in Asia.

정답. I enjoyed talking to you at / We are a leading, in Korea / We can assist you in / I'm confident we can meet your, needs / We are excited to announce the launch of / It allows you to / We would like to explore a possible / Our combined expertise would

We were given your name by...

~로부터 당신 성함을 받았습니다

아무래도 아는 지인으로부터 상대방의 이름을 받으면 적어도 보낸 이메일이 휴지통으로 직행하진 않겠죠. 뒤에 이름 또는 이름과 소속된 단체명을 붙입니다.

유사 패턴 ...has passed along your name. ‖ ...has mentioned your name to us.

step1 패턴 집중 훈련

Peter Lawrence로부터 당신 성함을 받았습니다.

We were given your name by Peter Lawrence.

TWC 사의 Mr. Harry Robins로부터 당신 성함을 받았습니다.

We were given your name by Mr. Harry Robins at TWC.

당사 인도 사무실에 있는 Jimmy Go로부터 당신 성함을 받았습니다.

We were given your name by Jimmy Go at our office in India.

Gonzales & Lipton 사의 Ms. Tanya Haven 으로부터 당신 성함을 받았습니다.

We were given your name by Ms. Tanya Haven at Gonzales & Lipton.

step2 리얼 회화 연습

한국 서울에 소재한 귀사 사무실에 있는 Mario Cruz로부터 당신 성함을 받았습니다.

He mentioned that your firm was looking for a supplier in Spain.
As you may already know, we have offices in both Madrid and Barcelona.

We were given your name by Mario Cruz at your office here in Seoul, Korea.
귀사가 스페인에서 새 납품업체를 찾고 있다고 말씀하시더군요.
이미 알고 계실 수도 있겠지만, 저희는 마드리드와 바르셀로나 두 곳에 다 사무실이 있습니다.

step3 도전! 실전 회화

John Hancock로부터 당신 성함을 받았습니다.

⇒ _____

I enjoyed talking to you at...

~에서 나눈 얘기 즐거웠습니다

회의, 세미나 또는 박람회 등에서 여러 사람들과 잠깐 인사하고 명함 교환을 하게 되는 경우가 있을 겁니다. 이렇게 잠깐 만난 사람에게 메일을 보낼 때는 기억을 되살려 주는 패턴을 사용하면 좋죠. 만났던 날짜를 언급하면 더욱 좋고요.

유사 패턴 We talked briefly at... ‖ It was great having a chance to talk to you at...

 **패턴 집중 훈련**

회사 파티에서 나눈 얘기 즐거웠습니다.

I enjoyed talking to you at the company party.

박람회에서 나눈 얘기 즐거웠습니다.

I enjoyed talking to you at the expo.

8월 회의에서 나눈 얘기 즐거웠습니다.

I enjoyed talking to you at the conference in August.

지난주 환영회에서 나눈 얘기 즐거웠습니다.

I enjoyed talking to you at the reception last week.

 **리얼 회화 연습**

이틀 전 Sam & Hart 사의 사무실에서 나눈 얘기 즐거웠습니다.

I remember you were saying that you were in the market for a paper supplier, so I thought I'd send you our most recent catalog.

I enjoyed talking to you at Sam & Hart's office two days ago.
종이 공급업체를 찾고 계시다는 말씀이 기억이 나서, 당사의 최근 카탈로그를 보내 드려 봅니다.

 **도전! 실전 회화**

V호텔 로비에서 나눈 얘기 즐거웠습니다.

⇨ _____

We are a leading... in Korea.

당사는 국내 선두 ~입니다.

자신의 회사가 국내에서 어떤 분야의 선두기업인가를 언급할 때 사용하는 패턴입니다. 만약 회사가 '선두'가 아니라면 leading이라는 단어를 생략해도 됩니다.

패턴 집중 훈련

당사는 국내 선두 USB 메모리 생산업체입니다. **We are a leading** producer of USB flash drives **in Korea.**

당사는 국내 선두 아웃도어 의류 수출업체입니다. **We are a leading** exporter of outdoor wear **in Korea.**

당사는 국내 선두 영어교육 콘텐츠 제공업체입니다. **We are a leading** provider of English education content **in Korea.**

당사는 국내 선두 온라인 게임회사입니다. **We are a leading** online game company **in Korea.**

리얼 회화 연습

당사는 국내 선두 사무용품 제조업체입니다.

We produce everything from paper clips to staplers.
Our current domestic market share is close to 25%.

We are a leading manufacturer of office supplies in Korea.
저희는 종이 클립부터 스테이플러까지 모든 것을 생산합니다.
현재 국내 시장 점유율은 거의 25%입니다.

도전! 실전 회화

당사는 국내 선두 그림책 출판사입니다.

⇒ _____

We specialize in...

~을 전문으로 하고 있습니다

바로 앞의 We are a leading... in Korea. 패턴이 회사 자체에 초점을 맞추었다면 이 패턴은 회사가 전문으로 하는 것을 구체적으로 언급하는 거죠. 뒤에는 명사 또는 동명사가 들어갑니다.

유사 패턴 ...is our specialty.

사무실에서 사용하는 인체공학적 의자를 전문으로 하고 있습니다.	**We specialize in ergonomic chairs for the office.**
적정 가격의 계산기를 전문으로 하고 있습니다.	**We specialize in affordable calculators.**
사무실 디자인 개발을 전문으로 하고 있습니다.	**We specialize in developing office designs.**
혁신적인 노트북 주변기기 개발을 전문으로 하고 있습니다.	**We specialize in creating innovative laptop peripherals.**

ergonomic 인체공학의

다양한 산업 분야의 고객들을 위한 맞춤형 앱을 전문으로 하고 있습니다.

Our clients include Global 500 companies in Asia, Europe, and South America.
The client list is attached for your reference.

We specialize in customized apps for clients in a variety of industries.
당사 고객 중에는 아시아, 유럽과 남미에 있는 글로벌 500 회사들이 포함되어 있습니다.
참고로 고객 명단을 첨부합니다.

스마트폰 케이스를 전문으로 하고 있습니다.

⇨ _____

We can assist you in -ing...

~하는 걸 도와드릴 수 있습니다

이쪽의 전문성이 상대방에게 어떤 면으로 도움이 될 수 있는지를 말하는 패턴입니다. in 다음에는 동사의 -ing 형태가 오는 것에 주의하세요.

유사 패턴 We can offer assistance in -ing...

 **패턴 집중 훈련**

서울에서 부동산을 구입하는 걸 도와드릴 수 있습니다.	**We can assist you in** purchasing real estate in Seoul.
아시아 시장에 대한 효과적인 마케팅 전략을 세우는 걸 도와드릴 수 있습니다.	**We can assist you in** formulating an effective marketing strategy for Asia.
한국어로 된 보도자료를 작성하는 걸 도와드릴 수 있습니다.	**We can assist you in** writing press releases in Korean.
귀사의 채용 요건 일체를 충족시키는 걸 도와드릴 수 있습니다.	**We can assist you in** fulfilling all your recruiting needs.

 **리얼 회화 연습**

Korean consumers prefer different kinds of designs.
Also, their preferences are constantly changing.
한국 소비자에게 특별히 맞춘 디자인을 개발하는 걸 도와드릴 수 있습니다.

한국 소비자들은 다른 종류의 디자인을 선호합니다.
또한 선호하는 것도 끊임없이 달라지고 있습니다.
We can assist you in developing designs that are specifically suited to Korean consumers.

 **도전! 실전 회화**

적절한 납품업체를 찾는 걸 도와드릴 수 있습니다. (supplier)

⇨ _____

I'd like to send you...

~을 보내 드리고 싶습니다

홍보 목적으로 상대방에게 샘플이나 브로슈어를 보낼 때는 사전에 언급을 하는 것이 좋습니다. 뒤에 보내고 싶은 물품을 말하면 됩니다.

유사 패턴 I'd be pleased to send you...

 **패턴 집중 훈련**

최근 브로슈어를 보내 드리고 싶습니다.
I'd like to send you our recent brochure.

샘플 몇 개를 보내 드리고 싶습니다.
I'd like to send you a few samples.

당사 애니메이션이 들어 있는 DVD를 보내 드리고 싶습니다.
I'd like to send you a DVD containing our animations.

작년에 출판한 책 몇 권을 보내 드리고 싶습니다.
I'd like to send you some books we published last year.

당사 서비스 목록을 보내 드리고 싶습니다.
I'd like to send you a list of our services.

 **리얼 회화 연습**

You might get a better idea of our products if you could see some firsthand.
다른 고객들을 위해 제작한 선물 박스 샘플 몇 개를 보내 드리고 싶습니다.
I'll have them sent to you via air mail this week.

당사 제품 일부를 직접 보실 수 있다면 제품에 대한 이해가 더 잘 될 수도 있을 것 같습니다.
I'd like to send you a few samples of the gift boxes we made for other clients.
이번 주에 항공우편으로 보내 드리도록 하겠습니다.

 **도전! 실전 회화**

잡지책들을 보내 드리고 싶습니다.

⇒ _____

I'm confident we can meet your... needs.

귀사의 ~ 요건을 충족시킬 수 있다고 확신합니다.

회사, 제품 또는 서비스에 대한 홍보를 어느 정도 한 후 마무리 단계에서 긍정적인 표현으로 상대방 회사의 특정 요건을 충족할 수 있다고 해보는 것도 좋습니다. 아주 간단하게 단어 한두 개를 your 뒤에 넣으면 됩니다.

유사 패턴 I'm certain we can address your... needs.

패턴 집중 훈련

귀사의 생산 요건을 충족시킬 수 있다고 확신합니다. **I'm confident we can meet your production needs.**

귀사의 마케팅 요건을 충족시킬 수 있다고 확신합니다. **I'm confident we can meet your marketing needs.**

귀사의 공급 요건을 충족시킬 수 있다고 확신합니다. **I'm confident we can meet your supply needs.**

귀사의 모든 인력 요건을 충족시킬 수 있다고 확신합니다. **I'm confident we can meet all your staffing needs.**

리얼 회화 연습

We have over 100 apartments and townhouses all across the city. They are all available for* monthly or yearly rental.

So 귀사의 모든 주택 요건을 충족시킬 수 있다고 확신합니다.

당사는 도시 전역에 100개가 넘는 아파트와 연립주택을 소유하고 있습니다.
모두 한달 또는 일년 단위로 임대가 가능합니다.
그러니 I'm confident we can meet all your housing needs.

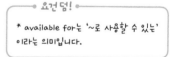
요건 덤!

* available for는 '~로 사용할 수 있는'
이라는 의미입니다.

도전! 실전 회화

귀사의 요건을 충족시킬 수 있다고 확신합니다.

⇨ _____

We are excited to announce the launch of...

~의 출시를 알리게 되어 기쁩니다

힘들게 기획하고 만들어낸 제품이나 서비스의 신상품 출시를 알릴 때는 기쁨이 나타나는 표현이 좋겠죠. 이 패턴 뒤에는 명사가 따릅니다.

유사 패턴 We are pleased to introduce...

step1 패턴 집중 훈련

저희 베스트셀러 소프트웨어 신규 버전의 출시를 알리게 되어 기쁩니다.	**We are excited to announce the launch of** the new version of our bestselling software.
저희 온라인 주문 시스템의 개설을 알리게 되어 기쁩니다.	**We are excited to announce the launch of** our online ordering system.
저희 새 웹사이트의 개설을 알리게 되어 기쁩니다.	**We are excited to announce the launch of** our new Web site.
토론토의 저희 첫 번째 매장의 개업을 알리게 되어 기쁩니다.	**We are excited to announce the launch of** our first store in Toronto.

step2 리얼 회화 연습

JX MP3 플레이어 신규 모델의 출시를 알리게 되어 기쁩니다.

**It is the culmination of* three years of research, development, and product testing.
The new JX is now thinner, smaller, and sturdier.**

We are excited to announce the launch of the new model of JX MP3 Player.
3년의 연구, 개발과 제품 테스트의 결실입니다.
새로운 JX는 이제 더 얇고, 더 작고 또 더 튼튼합니다.

요건 덤!
* culmination of는 '~의 결실', '~의 정점'이라는 의미가 있습니다.

step3 도전 실전 회화

저희 새로운 전기면도기의 출시를 알리게 되어 기쁩니다. (electric shaver)

⇒ _____

It allows you to...

(이 제품은) ~할 수 있게 해 줍니다

이제는 제품이나 서비스의 특징을 부각시킬 차례입니다. 제품을 구입할 경우 고객이 받을 혜택에 초점을 맞춘 이 패턴에는 동사구가 옵니다.

유사 패턴 With it, you can...

이동 중에도 이메일을 받을 수 있게 해 줍니다.

It allows you to receive e-mails while you're on the road.

필요에 따라 업그레이드할 수 있게 해 줍니다.

It allows you to upgrade as needed.

동시에 여러 문서를 스캔할 수 있게 해 줍니다.

It allows you to scan multiple documents at the same time.

스스로 일을 다 하는 동안 편안히 앉아 있을 수 있게 해 줍니다.

It allows you to sit back while it does all the work.

Rain? Snow? All you need is Frost Away.
편하고 안전하게 운전을 할 수 있게 해 줍니다.
The revolutionary fluid keeps your windshield clear in even the worst weather conditions.

비? 눈? Frost Away만 있으면 됩니다.
It allows you to drive in comfort and safety.
혁신적인 이 액체는 최악의 기상 상태에서도 앞 유리를 깨끗한 상태로 유지시켜 줍니다.

실제 업무에 집중할 수 있게 해 줍니다. (focus)

⇨ _____

88

It has...

(이 제품은) ~을 지니고 있습니다

이번에는 제품의 특징을 형용사와 명사로 표현을 하는 겁니다. 형용사는 평범한 명사에 멋진 색깔을 입히는 역할을 하죠. 유사 패턴인 It comes with...는 뜻은 동일하지만 말 그대로 어떤 특징을 '가지고 나타난다'라는 뉘앙스입니다.

유사 패턴 It comes with...

step 1 패턴 집중 훈련

새로운 요소를 몇 가지 지니고 있습니다.
It has several new elements.

흥미진진한 특징을 몇 가지 지니고 있습니다.
It has some exciting features.

수많은 유용한 기능을 지니고 있습니다.
It has lots of useful functions.

멋진 디자인을 지니고 있습니다.
It has a wonderful design.

step 2 리얼 회화 연습

You won't be able to take your eyes off of the X65.
완전히 새로운 외양을 지니고 있습니다.
Plus, it's available in three amazing colors.

X65에서 눈을 뗄 수 없을 겁니다.
It has a brand new look.
또한 세 가지의 멋진 색상으로 구입할 수 있습니다.

step 3 도전! 실전 회화

두 가지의 새로운 특징을 지니고 있습니다. (feature)

⇒ _____

We would like to explore a possible...

~ 가능성을 검토하고 싶습니다

협력이나 사업 제휴 가능성만을 함께 모색하자고 제안할 때는 부드럽고 간접적인 어조가 요구됩니다. 따라서 이 패턴에 명사를 붙여 원하는 관계 형태를 언급하면 좋죠.

유사 패턴 We would be interested in discussing a possible...

합작 투자 가능성을 검토하고 싶습니다.	**We would like to explore a possible joint venture.**
협력 가능성을 검토하고 싶습니다.	**We would like to explore a possible partnership.**
납품 계약 가능성을 검토하고 싶습니다.	**We would like to explore a possible supply contract.**
프랜차이즈 계약 가능성을 검토하고 싶습니다.	**We would like to explore a possible franchising contract.**

We are looking to expand into outdoor products.
Your waterproof backpacks and tents could be just what we are seeking.
우리 쪽 시장의 독점 판매권 가능성을 검토하고 싶습니다.

당사는 아웃도어 제품으로 확장할 목표를 가지고 있습니다.
귀사의 방수 배낭과 텐트가 바로 저희가 찾고 있는 것일 수 있습니다.
We would like to explore a possible exclusive distribution rights for our market.

라이선스 계약 가능성을 검토하고 싶습니다. (agreement)

⇨ _____

Our combined expertise would...

우리의 결합된 전문성은 ~할 것입니다

함께 일을 하게 되었을 때 양사가 어떤 혜택을 누릴 수 있는지를 조명하면 상대방의 마음을 움직이는 게 더 쉬워질 수 있죠. 신중하게 작성된 동사구를 이 패턴 뒤에 붙이세요.

유사 패턴 Combing our expertise would...

우리의 결합된 전문성은 북미 시장 진입을 가능케할 것입니다.

Our combined expertise would enable us to penetrate the market in North America.

우리의 결합된 전문성은 양사에 더 큰 기회를 제공할 것입니다.

Our combined expertise would provide bigger opportunities for both companies.

우리의 결합된 전문성은 아시아에서 경쟁력을 줄 것입니다.

Our combined expertise would give us the competitive edge in Asia.

우리의 결합된 전문성은 소비자에게 올바른 메시지를 전달할 것입니다.

Our combined expertise would send the right message to the consumers.

Taeyoung has a wide distribution network in Korea.
Your company produces great soft drinks.

우리의 결합된 전문성은 양사에게 더 큰 시장 점유율이란 결과를 가져올 것입니다.

태영은 국내에서 광범위한 유통망을 가지고 있습니다.
귀사는 훌륭한 청량음료를 생산하고 있습니다.
Our combined expertise would result in bigger market share for both companies.

우리의 결합된 전문성은 새로운 기회들을 창출할 것입니다. (create)

⇨ _____

Unit

09

불만 및 클레임 대처하기

Q. 다음 말을 영어로 할 수 있나요?

- 제품에 결함이 있습니다.

  _____ defective.

- 서류에 오류가 있습니다.

  _____ the document.

- 품질에 실망했습니다.

  _____ with the quality.

- 이 문제에 대해 알려 주시는 데 시간을 내주셔서 고맙습니다.

  _____ tell us about the problem.

- 지적하신 대로, 그런 일이 벌어지지 않았었어야 했습니다.

  _____ that should not have happened.

- 이번 지연에 대해 사과드립니다.

  _____ the delay.

- 실수로 인해, 다른 색깔을 보냈습니다.

  _____ , we sent you the wrong color.

- 유감이지만, 주문하신 것을 취소할 수 없습니다.

  _____ , _____ cancel your order.

정답 ┘. The product is / There is an error on / I was disappointed / We appreciate your taking the time to / As you've pointed out, / Please accept our apologies for / Due to an oversight / Unfortunately, we are unable to

I haven't received...

~을 받지 못했습니다

주문한 물품이나 기다리던 답변을 장시간 받지 못하게 되면 조치를 취해야겠죠? 아직 도착하지 않은 것을 명사로 표시해서 이 패턴 뒤에 붙이세요.

유사 패턴 ...hasn't arrived.

제 주문품을 받지 못했습니다.	**I haven't received** my order.
지불을 받지 못했습니다.	**I haven't received** payment.
환불을 받지 못했습니다.	**I haven't received** the refund.
약속된 샘플을 아직 받지 못했습니다.	**I haven't received** the promised samples yet.
아직 당신에게 답변을 받지 못했습니다.	**I haven't received** an answer from you.

We have a serious problem.
2월 10일 주문한 물품을 아직 받지 못했습니다.
Could you please check up on* the status of that shipment as soon as you can?

심각한 문제가 있습니다.
I haven't received the order placed on February 10.
최대한 빨리 배송 상태를 확인해 주시겠습니까?

요건 덤!
* check up on은 '확인하다', '조사하다' 또는 '알아보다'라는 의미입니다.

당신으로부터 아무 소식도 받지 못했습니다.

⇒ _____

The product is...

제품이 ~입니다

어떤 이유로든 받은 주문품에 만족하지 못하는 경우 이 패턴으로 구체적인 문제점을 명시하면 됩니다. 대부분 '제품이 ~하다'며 제품 상태를 언급하는 경우가 많기 때문에 흔히 형용사가 따르죠.

step1 패턴 집중 훈련

제품에 결함이 있습니다.	The product is **defective**.
제품을 잘못 배송하셨습니다.	The product is **the wrong order**.
제품이 손상되어 있었습니다.	The product was **damaged**.
제품들이 제대로 작동되지 않습니다.	The products are **not functioning properly**.

step2 리얼 회화 연습

제가 받은 제품은 잘못된 모델입니다.

What I had ordered was your largest generator, model #L1A.
What I received is the second largest, model #L2A.

The product I received is the wrong model.
제가 주문했던 건 귀사의 가장 큰 발전기인 모델 #L1A였습니다.
제가 받은 것은 두 번째로 큰 모델 #L2A입니다.

step3 도전! 실전 회화

제품이 너무 작습니다.

⇨ _____

There is an error on...

~에 오류가 있습니다

물품 거래를 하게 되면 주문품뿐만 아니라 오고 가는 서류에 오류가 발생할 수 있죠. 이럴 때는 이 패턴을 활용해서 어디에 오류가 있다는 걸 지적하세요.

유사 패턴 I discovered an error on...

서류에 오류가 있습니다.	There is an error on **the document.**
청구서에 오류가 있습니다.	There is an error on **the invoice.**
선하증권에 오류가 있습니다.	There is an error on **the bill of lading.**
대금 청구서에 오류가 있습니다.	There is an error on **the billing statement.**
스프레드시트에 오류가 있습니다.	There is an error on **the spreadsheet.**

제품 명세서에 오류가 있습니다.

On page 3, there is an entry for "Item T-107."
I believe it should be "Item T-207."

There is an error on the product list.
3페이지에 'Item T-107'이라는 항목이 있습니다.
'Item T-207'으로 되어야 한다고 생각합니다.

명단에 오류가 있습니다. (list)

⇨ _____

I was disappointed...

~ 실망했습니다

서비스나 제품에 대해 항상 만족할 순 없겠죠. 실망을 표시할 때는 I was disappointed 패턴을 쓰고 '전치사+명사'나 'that+주어+동사'를 붙이면 됩니다.

[유사 패턴] I was unhappy (with/that)...

 **패턴 집중 훈련**

품질에 실망했습니다.	**I was disappointed** with the quality.
서비스에 실망했습니다.	**I was disappointed** with the service.
반응이 없어서 크게 실망했습니다.	**I was** really **disappointed** by the lack of response.
그녀의 무례함에 매우 실망했습니다.	**I was** quite **disappointed** by her rudeness.
아무도 그 문제를 해결하려고 나서지 않아 실망했습니다.	**I was disappointed** that no one offered to correct the problem.

 **리얼 회화 연습**

Yesterday, I called Jim Moran to place an order.
And 그의 답변에 매우 실망했습니다.
He said that he would no longer take orders over the phone.

어제 주문 하나를 하려고 Jim Moran에게 전화를 했었습니다.
그리고 I was quite disappointed with his response.
더 이상 전화로는 주문을 받지 않겠다고 하더군요.

 **도전! 실전 회화**

그의 태도에 실망했습니다. (attitude)

⇒ _____

96

Please send us...

~을 보내 주십시오

잘못된 물품이나 서류를 받았을 때 사용할 수 있는 패턴입니다. 뒤 상황에 맞는 해결책을 명사 형태로 붙이면 간단하게 요청하는 표현이 되죠.

유사 패턴 I'd like you to send us...

교체 제품을 보내 주십시오.	**Please send us** a replacement.
새 걸로 보내 주십시오.	**Please send us** a new one.
분실된 품목들을 보내 주십시오.	**Please send us** the missing items.
수정한 명세서를 보내 주십시오.	**Please send us** the corrected statement.
원본을 보내 주십시오.	**Please send us** the original documents.

We've received our order today, but for some reason, there was no invoice for it.

가능한 빨리 청구서를 보내 주십시오.

As you know, it takes two weeks to process payment.

주문품을 오늘 받았습니다만, 어떤 까닭인지 그것에 대한 청구서가 없었습니다.
Please send us the invoice as soon as possible.
아시다시피 결제 절차가 2주 걸립니다.

박스 하나를 추가로 보내 주십시오. (extra)

⇨ _____

We appreciate your taking the time to...

~하는 데 시간을 내주셔서 고맙습니다

불만사항을 이메일로 받게 되면 그 내용이 옳고 그름을 떠나서 일단 상대방이 그 이메일을 작성하는 데 시간을 낸 것에 대해 고마움을 표시하는 것이 좋습니다. 결국은 불만을 들어주지 않더라도 말이죠. 이 패턴에는 동사구가 따릅니다.

유사 패턴 Thank you for taking the time to...

이메일을 저희에게 보내 주시는 데 시간을 내주셔서 고맙습니다.

We appreciate your taking the time to write us an e-mail.

우려를 표명하는 데 시간을 내주셔서 고맙습니다.

We appreciate your taking the time to express your concerns.

이 문제에 대해 알려 주시는 데 시간을 내주셔서 고맙습니다.

We appreciate your taking the time to tell us about the problem.

저희 서비스에 관한 소중한 피드백을 주시는 데 시간을 내주셔서 고맙습니다.

We appreciate your taking the time to give us valuable feedback on our service.

매장에서 벌어진 일에 대해 알려 주시는 데 시간을 내주셔서 고맙습니다.

We fully understand why you would be upset.
Please rest assured that we will investigate the incident immediately.

We appreciate your taking the time to tell us what happened at the store.
왜 기분이 상하셨는지 충분히 이해합니다.
그 일에 대해 즉각적인 조사에 착수할 것이니 안심하시기를 바랍니다.

불만을 표시하는 데 시간을 내주셔서 고맙습니다. (express)

⇨ _____

We are sorry to hear...

~ 듣게 되어 유감입니다

상대방의 불만에 대해 무작정 사과를 하면 향후 이쪽 잘못을 인정하는 법적 근거가 될 수 있습니다. 명백한 사과 대신 유감 만 표현하고 싶을 때는 I가 아닌 We를 주어로 하는 이 패턴을 사용하면 좋습니다. 흔히 'about+명사' 또는 that절이 바 로 뒤에 들어옵니다.

유사 패턴 We regret to hear...

 **step 1** 패턴 집중 훈련

그 일에 대해 듣게 되어 유감입니다.	We are sorry to hear **about the incident.**
귀하가 다루어진 식에 대해 듣게 되어 유감입니다.	We are sorry to hear **about the way you were treated.**
귀하가 서비스에 불만족스러웠다는 걸 듣게 되어 유감입니다.	We are sorry to hear **that you were dissatisfied with the service.**
제품이 손상됐었다는 걸 듣게 되어 유감입니다.	We are sorry to hear **that the product was damaged.**

 **step 2** 리얼 회화 연습

주문품이 늦게 도착했다는 걸 듣게 되어 유감입니다.

As soon as we received your e-mail, we called the freight forwarder for an explanation.

They have promised an answer by tomorrow.

We are sorry to hear that your order arrived late.
귀사의 이메일을 받자마자 저희는 화물 운송업자에게 설명을 요구하려 전화를 했습니다.
이들은 내일까지 답변을 해 주겠다고 약속했습니다.

 **step 3** 도전! 실전 회화

항공편 지연에 대해 듣게 되어 유감입니다. (flight delay)

⇒ _____

As you've pointed out,...

지적하신 대로 ~

이 표현은 상대방이 지적한 부분을 어느 정도 인정하는 겁니다. 나중에 클레임이 걸릴 수도 있는 문제이기 때문에 이럴 때는 아주 신중하게 이메일을 작성해야 되겠죠. 뒤에는 '주어+동사'가 따릅니다.

유사 패턴 As you've mentioned,.... ‖ As outlined in your e-mail,...

지적하신 대로 서비스에 문제가 있었습니다.	**As you've pointed out, there was a problem with the service.**
지적하신 대로 그런 일이 벌어지지 않았었어야 했습니다.	**As you've pointed out, that should not have happened.**
지적하신 대로 손상의 원인은 태풍이었습니다.	**As you've pointed out, the damage was caused by the typhoon.**
지적하신 대로 그 매니저는 그런 식으로 행동하는 게 아니었습니다.	**As you've pointed out, the manager should not have acted in that manner.**

지적하신 대로 다른 주문품을 받으셨습니다.

Our warehouse personnel are currently getting the correct products ready for shipment.
We will have a delivery company pick up the crate from your company this week.

As you've pointed out, you received the wrong order.
당사 창고 직원들이 현재 정확한 제품들의 출하를 준비하고 있습니다.
귀사에 있는 상자는 배송업체가 이번 주에 가져가도록 조치하겠습니다.

지적하신 대로 그는 사과를 했었어야 했습니다.

⇨ _____

Please accept our apologies for...

~에 대해 사과드립니다

이번엔 이쪽의 책임을 부분적으로 인정하면서 상대방에게 진심으로 사과를 하는 겁니다. 그런데 주의할 점은 제품 자체에 있는 문제 언급은 최대한 피하고 상대방의 불편이나 상한 감정을 조명하는 게 좋습니다.

유사 패턴 We apologize for...

불편을 끼쳐 드린 점에 대해 사과드립니다.	Please accept our apologies for **the inconvenience.**
이번 지연에 대해 사과드립니다.	Please accept our apologies for **the delay.**
더 일찍 답변을 드리지 못한 점에 대해 사과드립니다.	Please accept our apologies for **not responding sooner.**
직원들 태도에 대해 사과드립니다.	Please accept our apologies for **the staff's behavior.**

엉뚱한 샘플을 보낸 것에 대해 사과드립니다.

The right sample is being sent to you via express mail.
It should reach you in two working days.

Please accept our apologies for sending you the wrong sample.
맞는 샘플은 특급우편으로 그쪽으로 가고 있습니다.
영업일 기준으로 2일 후에 도착할 겁니다.

기다리시게 한 점에 대해 사과드립니다.

⇨ _____

Due to an oversight,...

실수로 인해 ~

영어로 '실수'라는 단어가 mistake만 있는 게 아닙니다. 비즈니스상 실수는 '과실'이라는 뉘앙스가 풍기는 단어인 mistake보다는 oversight(간과)나 적어도 error(오류)라고 언급하는 것이 더 적절하죠.

유사 패턴 ...because of an oversight.

step1 패턴 집중 훈련

실수로 인해 다른 색깔을 보냈습니다.	**Due to an oversight,** we sent you the wrong color.
실수로 인해 숫자가 바뀌었습니다.	**Due to an oversight,** the numbers were switched.
실수로 인해 다른 고객의 명세서를 이메일로 보내 드렸습니다.	**Due to an oversight,** we e-mailed you another client's statement.
실수로 인해 매장이 귀하의 양복을 잘못 두었습니다.	**Due to an oversight,** the store misplaced your suit.

step2 리얼 회화 연습

실수로 인해 귀하의 요청이 어제 처리되지 않았습니다.

I personally processed it this morning, so you should get an answer by tomorrow morning.
I apologize for any inconvenience this may have caused you.

Due to an oversight, your request was not processed yesterday.
오늘 아침에 제가 직접 처리를 했으니, 내일 아침까지는 답변을 받으실 겁니다.
이 일로 인해 불편을 끼쳐 드렸다면 사과드립니다.

step3 도전! 실전 회화

실수로 인해 귀하의 주문이 시스템에 입력되지 않았습니다. (enter)

⇒ _____

We will...

~하겠습니다

불만이나 항의를 간단하게 처리할 수 있는 방법이 있다면 의지를 표시하는 will이 들어가는 이 기본 패턴에 동사구를 붙여 적절한 방안을 제시하면 됩니다.

step1
패턴 집중 훈련

제품을 교환해 드리겠습니다.	**We will** exchange the item.
차액을 환불해 드리겠습니다.	**We will** refund the balance.
명세서를 수정하겠습니다.	**We will** revise the statement.
할인해 드리겠습니다.	**We will** provide a discount.
즉시 복사기를 교체해 드리겠습니다.	**We will** replace the photo copier immediately.

step2
리얼 회화 연습

내일 당사 대표가 귀사에 들르도록 하겠습니다.

**Her name is Jasmine Lee, and she will work with you to remedy the problem.
She will be contacting you today.**

We will have our rep stop by your office tomorrow.
그녀 이름은 Jasmine Lee이며, 이 문제를 바로잡기 위해 귀하와 협력할 겁니다.
오늘 연락을 드릴 겁니다.

step3
도전! 실전 회화

다음 주에 출하시키겠습니다. (ship)

⇒ _____

Unfortunately, we are unable to...

유감이지만, ~할 수가 없습니다

상대방의 불만이나 요구를 거절해야 하는 경우도 있습니다. 완곡하게 거절을 할 때 활용하는 이 패턴에는 동사구가 따릅니다.

유사 패턴 I'm afraid we can't...

패턴 집중 훈련

유감이지만, 요청을 받아들일 수 없습니다.
Unfortunately, we are unable to accommodate your request.

유감이지만, 주문하신 것을 취소할 수 없습니다.
Unfortunately, we are unable to cancel your order.

유감이지만, 일정을 바꿀 수 없습니다.
Unfortunately, we are unable to change the date.

유감이지만, 다른 모델을 보내 드릴 수 없습니다.
Unfortunately, we are unable to send you a different model.

리얼 회화 연습

유감이지만, 클레임을 처리할 수 없습니다.

We have thoroughly checked our records, but there is no indication that there was any error during the packing.

Unfortunately, we are unable to process your claim.
저희 기록을 철저히 점검했지만, 포장 도중 어떤 실수가 있었다는 단서는 없습니다.

도전! 실전 회화

유감이지만, 그걸 교체해 드릴 수 없습니다. (replace)

⇨ _____

Q. 다음 말을 영어로 할 수 있나요?

- 호의적인 답변을 기대합니다.

  ＿＿＿＿＿＿＿＿＿ a favorable reply.

- 질문이 있으면 연락 주세요.

  ＿＿＿＿＿＿＿＿＿ questions, ＿＿＿＿＿＿＿＿＿ .

I look forward to...

~을 기대합니다

맺음말에서는 향후에 있을, 또는 가능성 있는 어떤 좋은 일에 대한 기대감을 표현하면 좋겠죠. I look forward to 뒤에 명사 또는 동명사를 붙이면 기대하는 것을 구체적으로 언급하게 됩니다.

유사 패턴 I'm looking forward to...

조속한 답변을 기대합니다.	**I look forward to** hearing from you soon.
호의적인 답변을 기대합니다.	**I look forward to** a favorable reply.
승인을 기대합니다.	**I look forward to** your approval.
다음 주에 있을 회의를 기대합니다.	**I look forward to** the meeting next week.
가까운 장래에 귀사의 주문을 받을 수 있기를 기대합니다.	**I look forward to** receiving your order in the near future.

다음 달 모두를 다시 볼 것을 기대합니다.

Please say hello to the staff for me.
Tell them I'll be bringing a case of soju.

I look forward to seeing everyone again next month.
직원들에게 대신 안부를 전해 주세요.
소주 한 박스를 가져간다고 말해 주시고요.

답변을 기대합니다. (answer)

⇒ _____

If you have any…, please let me know.

~이 있으면 연락 주세요.

우리도 이메일 끝부분에서 이런 표현을 자주 씁니다. 추가 사항이나 문의에 기꺼이 답신을 해 주겠다는 뜻이죠. 명사가 any 뒤에 붙습니다.

유사 패턴 Feel free to contact me if you have any… ‖
Don't hesitate to contact me for any…

step1 패턴 집중 훈련

질문이 있으면 연락 주세요.

If you have any questions, please let me know.

염려되는 부분이 있으면 연락 주세요.

If you have any concerns, please let me know.

의견이 있으면 연락 주세요.

If you have any comments, please let me know.

어떤 일이라도 제가 도와드릴 게 있으면 연락 주세요.

If you have anything I can assist you with, please let me know.

step2 리얼 회화 연습

이 책에 대해 질문이나 의견이 있으면 연락 주세요.

Sincerely yours,
Kevin Kyung

If you have any questions or comments about this book, please let me know.
Kevin Kyung 올림

step3 도전! 실전 회화

더 추가할 것이 있으면 연락 주세요. (add)

⇨ _____

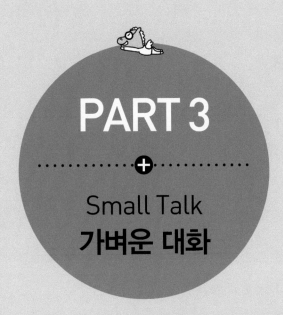

PART 3

Small Talk
가벼운 대화

small talk는 직역하면 '작은 대화'입니다. 우리말로는 '한담', '잡담'에 가까운 의미이죠. 그런데 small talk는 **비즈니스 상황에서 아주 중요한 부분**입니다. 영어로 비즈니스를 할 때 어떤 면으로 보면 가장 어려운 부분일 수도 있습니다. 대화의 주제가 비즈니스와 직접 관련되지 않거나 **문화적 차이**가 드러날 수 있으니까요. 중요한 건 **공통의 주제**(common interest)를 찾고, 상대방의 발언에 적극적인 흥미와 반응을 보이는 동시에, 정치나 종교같이 민감한 주제는 절대 피해야 한다는 것입니다.

Q. 다음 말을 영어로 할 수 있나요?

- 여기로 모시게 되어서 기쁩니다.

  _____ have you here.

- 시카고는 어때요?

  _____ in Chicago?

- 지난번 얘기를 나눴던 게 7월이었죠.

  _____ talked _____ in July.

- 저희 CEO를 소개해 드리겠습니다.

  _____ our CEO.

It's a pleasure to...

~하게 되어서 기쁩니다

맞이하는 쪽이든 방문하는 쪽이든 만나는 사람, 상황 또는 장소에 대해 긍정적인 말을 하는 것이 좋겠죠? It's a pleasure to 뒤에는 동사 기본형을 붙이면 됩니다.

유사 패턴 I'm thrilled to... ‖ It's good to...

여기로 오게 되어서 기쁩니다.   It's a pleasure to **be here.**

여기로 모시게 되어서 기쁩니다.   It's a pleasure to **have you here.**

다시 뵙게 되어서 기쁩니다.   It's a pleasure to **see you again.**

드디어 만나게 되어서 기쁩니다.   It's a pleasure to **finally meet you.**

A   여러분 모두를 만나게 되어서 기쁩니다.

B   **The pleasure is ours. This is certainly a beautiful office.**

A   **Thank you. It was only recently renovated.**

B   **Is that right? I really like the color scheme.***

A   It's a pleasure to meet everyone.
B   오히려 우리가 기쁜 걸요. 여기 사무실이 정말 멋지네요.
A   고맙습니다. 바로 최근에 재단장했죠.
B   그래요? 색채 구성이 아주 좋습니다.

요건 덤!

* color scheme은 색채 구성, 색채 계획
이라는 뜻입니다.

귀사의 공장을 방문하게 되어서 기쁩니다. (plant)

⇒ _____

How are things...?

~은 어때요? / ~은 잘 돼가요?

상대방의 일하는 곳, 사는 곳에 대해 상황을 묻거나, 다른 사람들의 안부를 물을 때 사용하는 패턴입니다. 뒤에는 '전치사+명사' 또는 '전치사+동명사'가 옵니다.

유사 패턴 So what's new...? ‖ I trust all is well...?

보스턴은 어때요?	**How are things** in Boston?
사무실은 잘 돼가요?	**How are things** at the office?
아이들은 잘 지내요?	**How are things** with your kids?
팀은 어때요?	**How are things** with your team?
그쪽은 다들 잘 지내요?	**How are things** with everyone there?

A Eve, how have you been?

B I've been doing great. And you?

A I can't complain.* 가족들은 잘 계세요?

B Good. My husband says hi, by the way.*

A Eve, 어떻게 지내셨어요?

B 잘 지냈어요. 당신은요?

A 좋았어요. **How are things with your family?**

B 좋아요. 그런데 남편이 안부 전하라고 하더군요.

요건 덤!

* I can't complain.은 직역으로 '불만 할 게 없다.'로, '괜찮다.'는 뜻이죠.
* by the way는 '그건 그렇고', '그런데' 라는 뜻으로, 화제를 바꿀 때 씁니다.

빌딩 프로젝트는 잘 돼가요?

⇒ _____

MP3를 들어보세요
pattern
077

The last time we... was~

(우리가) 지난번 …했던 게 ~이었죠

이 패턴은 the last time이 이끄는 절이 주어가 되는 형식입니다. last time(지난번)에 we(우리)가 한 행동이므로 뒤에 talked나 met 같은 과거형 동사가 나옵니다. 그런 다음 was 뒤에 시간대만 붙이면 되죠.

유사 패턴 ~ was the last time we..., wasn't it? ‖ I believe it was~ that we last...

step1 패턴 집중 훈련

지난번 얘기를 나눴던 게 7월이었죠.

The last time we talked was in July.

지난번 서로 봤던 게 작년이었죠.

The last time we saw each other was last year.

지난번 만났던 게 2010년이었죠.

The last time we met was in 2010.

지난번 협상했던 게 몇 년 전이었죠.

The last time we negotiated was years ago.

step2 리얼 회화 연습

A It's been a long time, Molly.

B Yeah, long time. 지난번 이랬던 게 2년 전이었죠?

A Oh, it might actually be longer than that. Maybe three years.

B Wow, how time flies.

A 정말 오래간만이네요, Molly.

B 네, 오래간만이죠. The last time we did something like this* was two years ago?

A 아, 실제로는 그거보다 더 오래됐을 수도 있어요. 어쩌면 3년?

B 와, 시간 참 빨리 가네요.

요건 덤!
* something like this는 '이와 같은 것'입니다.

step3 도전! 실전 회화

지난번 우리 회의했던 게 지난 달이었죠.

⇒ _____

MP3를 들어보세요
Pattern
078

Let me introduce you to...

~를 소개해 드리겠습니다

상대방을 누구에게 소개하기 전에 신호를 보내는 패턴입니다. 이름, 직책만 넣을 수 있지만 두 가지를 함께 사용해도 무관합니다.

유사 패턴 I'd like to introduce you to...

step1
패턴 집중 훈련

저희 CEO인 J.K.를 소개해 드리겠습니다.	Let me introduce you to **J. K., our CEO.**
저희 이사님을 소개해 드리겠습니다.	Let me introduce you to **our director.**
John McNeal을 소개해 드리겠습니다.	Let me introduce you to **John McNeal.**
제 개인 비서 Cindy를 소개해 드리겠습니다.	Let me introduce you to **my personal assistant Cindy.**
모두를 소개해 드리겠습니다.	Let me introduce you to **everyone.**

step2
리얼 회화 연습

A **Pamela?** 제 상사 S. H. Kim을 소개해 드릴게요.

B **Is that him right there? The one with the blue necktie?**

A **Well, no. That's the caterer. S. H. is the man by the door there.**

B **You know, I might have met him before.**

A Pamela? Let me introduce you to my boss, S. H. Kim.
B 저기 저분인가요? 청색 넥타이 맨 분?
A 어, 아니요. 저쪽은 출장요리업체 관계자입니다. S. H.는 저기 문 옆에 계신 분이에요.
B 있잖아요. 저분 전에 만나 본 것도 같아요.

step3
도전! 실전 회화

저희 팀을 소개해 드리겠습니다.

⇒ _____

12

가벼운 대화로 긴장 풀기

Q. 다음 말을 영어로 할 수 있나요?

- 서울 방문이 이번이 처음인가요?

  _____ time in Seoul?

- 음식은 어떠셨나요?

  _____ food?

- 오늘 밖에 날씨가 춥네요.

  _____ cold _____.

- 나중에 비가 온답니다.

  _____ rain _____.

- 불고기 먹어 보셨나요?

  _____ bulgogi?

- 여긴 좋은 식당이 많습니다.

  _____ restaurants _____.

- 여행을 자주 하시나요?

  _____ travel _____?

- 커피숍이 근처에 있나요?

  _____ coffee shop _____?

Is this your first...?

~이 이번이 처음인가요?

새로운 도시나 나라에 처음 오는 출장이나 여행인 경우 아마도 이것은 생소한 경험일 겁니다. 이런 손님에게 친절하게 묻고 답하기를 시도한다면 그만큼 향후에 있을 회의나 협상이 순조로워질 수 있죠. 첫 질문은 아무래도 이번이 처음인지를 확인하는 거겠죠.

유사 패턴 This is your first..., isn't it?

서울 방문이 이번이 처음인가요?	**Is this your first** time in Seoul?
한국 여행이 이번이 처음인가요?	**Is this your first** trip to Korea?
저희를 만나는 건 이번이 처음인가요?	**Is this your first** meeting with us?
저희를 위한 프로젝트가 이번이 처음인가요?	**Is this your first** project for us?
저희 사무실 방문이 이번이 처음인가요?	**Is this your first** visit to our office?

A 저희 공장 견학이 이번이 처음인가요?

B Yes, I was in Ulsan last year but didn't get a chance then.

A That's right. Jay Kim told me you were here for one day.

B Yes. I was too busy going over the contract with him.

A Is this your first tour of our plant?
B 네, 작년에 울산에 왔었지만 그때는 기회가 없었어요.
A 그러네요. 당신이 하루만 여기에 머물렀다고 Jay Kim이 얘기하더군요.
B 네. 전 그와 계약서를 검토하느라 너무 바빴죠.

저희 캠퍼스 견학이 이번이 처음인가요? (tour)

⇨ _____

How do you like...?

~은 어때요?

이런 질문을 할 때는 어조와 강세에 신경을 많이 써야 됩니다. 잘못하면 마치 따지는 것처럼 들릴 수 있으니까요. 그리고 "~을 어떻게 생각하세요?"의 직역인 How do you think about...?는 틀린 표현이니 주의하세요.

유사 패턴 How do you find...? ‖ What do you think about...?

호텔은 어때요? How do you like **the hotel?**

이 도시는 어때요? How do you like **the city?**

새 사무실 배치는 어때요? How do you like **the new office layout?**

방은 어때요? How do you like **your room?**

날씨는 어때요? How do you like **the weather?**

A 레스토랑은 어때요?

B It's got a great atmosphere. I love that sculpture.

A You mean the dolphin statue?

B Oh, that's a dolphin? I thought it was a shark.

A How do you like the restaurant?
B 분위기가 참 좋습니다. 저 조각품이 아주 마음에 듭니다.
A 돌고래 조각상 말씀하시는 건가요?
B 아, 저게 돌고래인가요? 전 상어인 줄 알았네요.

사무실은 어때요?

⇨ _____

How was your...?

~은 어떠셨나요?

비슷한 표현으로 Did you enjoy도 있지만 Did~는 단답식 질문으로 yes/no 답변만 나올 수밖에 없습니다. 그렇게 되면 대화를 이어나가기 어려워질 뿐만 아니라 상대의 답변이 no가 된다면 난처한 상황이 벌어지겠죠.

유사 패턴 How did you like the...?

여행은 어떠셨나요?	How was your **trip**?
항공편은 어떠셨나요?	How was your **flight**?
음식은 어떠셨나요?	How was your **food**?
음료는 어떠셨나요?	How was your **drink**?
호텔 방은 어떠셨나요?	How was your **hotel room**?

A 오는 항공편은 어떠셨나요?

B **It was good. We arrived ten minutes early, if you can believe it.**

A **That must've been a nice surprise.**

B **A bigger surprise was when our luggage came out first.**

A How was your flight over?
B 좋았어요. 믿기 어렵겠지만 10분 일찍 도착했어요.
A 뜻밖에 기뻤겠네요.
B 더 뜻밖에 기뻤던 것은 우리 짐이 제일 먼저 나왔을 때였죠.

드라이브는 어떠셨나요?

⇒ _____

It's... out today.

오늘 밖에 날씨가 ~네요.

아마 날씨만큼이나 간단하고 원만한 small talk 소재를 찾기는 힘들 겁니다. 날씨가 좋다는 표현을 강조하려면 원하는 형용사 앞에 really를 넣고, 다소 좋지 않은 날씨에는 a little이나 a bit을 넣으면 안성맞춤입니다.

유사 패턴 The weather's...

 **패턴 집중 훈련**

오늘 밖에 날씨가 춥네요.	It's **cold** out today.
오늘 밖에 날씨가 화창하네요.	It's **sunny** out today.
오늘 밖에 날씨가 좋네요.	It's **nice** out today.
오늘 밖에 날씨가 정말 따뜻하네요.	It's **really warm** out today.
오늘 밖에 날씨가 조금 습하네요.	It's **a bit humid** out today.

 **리얼 회화 연습**

A 오늘 밖에 날씨가 아주 좋네요.

B It's been like this the whole week.

A Does it get chilly at night?

B Not for another month. It'll be warm while you're here.

A It's really nice out today.
B 이번 주 내내 이랬습니다.
A 밤에는 쌀쌀해집니까?
B 그러려면 한 달 더 남았죠. 머무시는 동안은 따뜻할 겁니다.

 **도전! 실전 회화**

오늘 밖에 날씨가 조금 덥네요.

⇨ _____

It's supposed to... later.

나중에 ～답니다.

It's supposed to는 '～하기로 되어 있다'인데, 여기서는 일기예보에 따른 향후 날씨를 말하는 겁니다. 확실성을 나타내는 It will나 It's going to 같은 패턴은 아니니까 예보가 빗나가도 나중에 기상청에 그 탓을 돌리면 되겠죠.

유사 패턴 We're expecting the weather to... later. ∥ They say it's going to... later.

 **패턴 집중 훈련**

나중에 비가 온답니다.	**It's supposed to rain later.**
나중에 눈이 온답니다.	**It's supposed to snow later.**
나중에 안개가 낀답니다.	**It's supposed to be foggy later.**
나중에 화창해진답니다.	**It's supposed to be sunny later.**

 **리얼 회화 연습**

A Wow, it's really pouring outside, isn't it?

B 나중에 갠답니다. **And just in time for* dinner.**

A Great! We wanted a chance to take a walk along the river.

B Well, perhaps we can all take a walk afterward.

A 와, 비가 정말 억수같이 쏟아지네요, 그렇죠?
B It's supposed to clear up later. 그것도 저녁 식사 시간을 딱 맞춰서요.
A 잘됐네요! 우리는 강가를 따라 산책할 기회를 바랐거든요.
B 그럼, 나중에 우리 다 같이 산책할 수 있겠네요.

> 요건 덤!
> * just in time은 '딱 ～할 시간에 맞추 어'라는 뜻입니다.

 **도전! 실전 회화**

나중에 따뜻해진답니다. (warm)

⇒ _____

~ is known for its...

~은 …으로 유명합니다

어떤 것으로 잘 알려졌다는 뜻이죠. 보통 장소를 말하지만 때로는 회사나 사람에 대해서도 사용하는 패턴입니다. known앞에 well을 더해 well-known을 써도 됩니다. 비슷한 의미인 famous는 사람이나 세계적으로 알려진 것을 의미하므로 다소 뉘앙스가 다릅니다.

유사 패턴 ~ is well-known for its...

step 1
패턴 집중 훈련

회사는 세계적 수준의 제품으로 유명합니다.	The company **is known for its** world-class products.
전주는 비빔밥으로 유명합니다.	Jeonju **is known for its** bibimbap.
마을은 록 페스티벌로 유명합니다.	The town **is known for its** rock festival.
이 인근은 밤놀이로 유명합니다.	The neighborhood **is known for its** night life.
이 구역은 멋진 건축 양식으로 유명합니다.	The district **is known for its** beautiful architecture.

step 2
리얼 회화 연습

A   The bar is really lively. There are a lot of people here.

B   이곳은 마르가리타로 유명합니다. They're all here for that.

A   I can see why.* It's quite tasty.

B   I'm glad you like it.

A   바가 활기가 넘치는군요. 여긴 사람들이 아주 많네요.

B   This place is known for its margaritas. 다들 그거 때문에 왔죠.

A   이해가 가네요. 아주 맛있어요.

B   좋아하셔서 다행입니다.

요건 덤!

* I can see why.는 '이유를 알겠다.'라는 뜻입니다.

step 3
도전! 실전 회화

부산은 아름다운 해변가로 유명합니다. (beach)

⇒ _____

Have you tried...?

~해 보셨어요?

음식을 먹어 봤거나 다른 무엇을 한번 시도해 보았는지 물어볼 때 사용하는 패턴으로 간략하게 명사를 넣으면 됩니다. ever 를 you 뒤에 넣으면 '한 번이라도'라는 뜻이 되죠.

step1 패턴 집중 훈련

불고기 먹어 보셨어요?	**Have you tried** bulgogi?
소주 한번 마셔 보셨어요?	**Have you** ever **tried** soju?
새 브랜드 접해 보셨어요?	**Have you tried** the new brand?
호텔 로고숍 가 보셨어요?	**Have you tried** the hotel logo shop?
그쪽 바 가 보셨어요?	**Have you tried** the bar there?

step2 리얼 회화 연습

A I'd like to try out some of the local dishes.

B **All right.** 한정식 먹어 보셨나요?

A Sorry? Han... what?

B Han jeong sik. You get a full course of Korean food.

A 향토 음식을 한번 먹어 보고 싶습니다.

B 그러죠. Have you tried hanjeongsik?

A 네? 한… 뭐요?

B 한정식. 한국 음식이 풀코스로 나오죠.

step3 도전! 실전 회화

맞춤 양복점에 가 보셨어요? (tailor shop)

⇒ _____

MP3를 들어보세요
pattern
086

We've got some great... here.

여긴 좋은 ~이 많습니다.

세계 어느 도시든지 유명한 음식이나 장소들이 있기 마련이고, 이것은 small talk의 주제로 훌륭하죠. We've got은 We have got의 줄임말로, 본격적인 회의나 협상에 앞서 이런 격식 없는 패턴을 많이 사용하는 편입니다.

유사 패턴 There are some great... in town.

step1 패턴 집중 훈련

여긴 좋은 식당이 많습니다.	We've got some great **restaurants** here.
여긴 좋은 오락 시설이 많습니다.	We've got some great **entertainment** here.
여긴 좋은 해산물이 많습니다.	We've got some great **seafood** here.
여긴 좋은 해변가가 많습니다.	We've got some great **beaches** here.
여긴 좋은 하이킹 코스가 많습니다.	We've got some great **hiking trails** here.

step2 리얼 회화 연습

A I want to pick up some souvenirs for my family.

B You're in luck.* 여긴 좋은 노천 시장이 많습니다.

A Really? Is there one nearby?

B It's probably a five-minute walk.

A 제 식구들을 위해 기념품을 좀 사고 싶습니다.
B 운이 좋으십니다. We've got some great outdoor markets here.
A 그래요? 가까운 데 하나 있나요?
B 아마 걸어서 5분 정도 걸릴 겁니다.

> 요건 덤!
> * You're in luck.은 "운이 좋네요."라
> 는 의미로 상대방이 원하는 걸 운 좋게 얻
> 을 수 있다는 긍정적인 뜻입니다.

step3 도전! 실전 회화

여긴 좋은 스테이크 집이 많습니다.

⇒ _____

What do you do...?

~ 뭐 하세요?

일하는 시간 외에 즐겨 하는 것에 대해 물어볼 때 사용하는 패턴입니다. 보통 뒤에 전치사와 명사가 붙습니다. 주제는 일을 빼고 광범위하겠죠.

유사 패턴 What do you enjoy doing...?

시간이 날 때 뭐 하세요?	**What do you do** in your spare time?
주말에 뭐 하세요?	**What do you do** on the weekends?
오락으로 뭐 하세요?	**What do you do** for recreation?
휴식으로 뭐 하세요?	**What do you do** for relaxation?
일 하지 않을 때 뭐 하세요?	**What do you do** when you're not working?

A I exercise whenever I have time.

B Oh, yeah? 운동으로 뭐 하세요?

A Usually I go jogging. And sometimes I go cycling.

B Really now? I enjoy cycling, too. Mountain bikes?

A 전 시간 날 때마다 운동을 합니다.

B 아, 그래요? **What do you do for exercise?**

A 흔히 조깅을 하죠. 또 때론 자전거를 타고요.

B 정말이에요? 저도 자전거 타기 좋아합니다. 산악자전거요?

휴가 중 뭐 하세요? (on vacation)

⇨

Do you... often?

~을 자주 하시나요?

상대방이 자기가 즐기는 취미를 얘기했을 때 그것에 대한 질문을 하면 대화가 잘 이어지겠죠? 자주 즐기냐는 질문은 you 뒤에 동사를 붙이세요.

골프를 자주 하시나요?	**Do you play golf often?**
스키를 자주 하시나요?	**Do you ski often?**
하이킹을 자주 하시나요?	**Do you go hiking often?**
그 경기를 자주 보시나요?	**Do you watch the games often?**
여행을 자주 하시나요?	**Do you travel often?**

A I like going to plays back home.*

B **Plays?** 그걸 자주 보시나요?

A I try. But I'm usually so busy with work.

B I know what you mean.

A 사는 곳에서는 연극 보러 가는 걸 좋아합니다.
B 연극이요? Do you watch them often?
A 그러려고는 하죠. 하지만 보통은 일로 너무 바쁩니다.
B 무슨 말씀인지 압니다.

요건 덤!

* 여기서 back home은 집을 말하는 것
이 아니라 자기가 사는 동네나 도시를 뜻
합니다.

박물관들을 자주 방문하시나요?

⇒ _____

I'm a huge fan of...

~의 광팬입니다

우리는 보통 '열렬한 팬'을 영어로 mania라고 하는데 이것은 원래 지나치게 빠지는 증상이라는 부정적 뉘앙스의 단어입니다. '~에 대한 광팬'은 a huge fan of...라는 표현이 적절하죠. not을 삽입하면 '별로'라는 뜻이 됩니다.

유사 패턴 I really like... ‖ I can't get enough of... ‖ I love...

야구 광팬입니다.	I'm a huge fan of baseball.
L.A. 다저스 광팬입니다.	I'm a huge fan of L. A. Dodgers.
미국 TV프로그램 광팬입니다.	I'm a huge fan of American TV shows.
스티븐 킹 광팬입니다.	I'm a huge fan of Stephen King.
타이 음식은 별로입니다.	I'm not a huge fan of Thai food.

A 전기의 광팬입니다.

B Do you read them in Korean or in English?

A Both. I recently read a biography of Barrack Obama in English.

B Which one? I read one, too.

A I'm a huge fan of biographies.
B 그것들을 한국어로 읽으세요, 영어로 읽으세요?
A 둘 다요. 최근에는 버락 오바마 전기를 영어로 읽었습니다.
B 어느 것이요? 저도 하나 읽었어요.

저는 중국 음식 광팬입니다.

⇨ _____

Is there a... nearby?

~이 근처에 있나요?

익숙하지 않은 곳에서 필요한 물건을 찾거나 누군가에게 장소를 물어봐야 하는 경우가 있을 수 있습니다. 이 패턴에 명사를 넣어서 물어보면 친절한 답변이 오겠죠.

유사 패턴 Are there any... around here? ‖ Can you tell me if there's a... close by?

step1 패턴 집중 훈련

화장실이 근처에 있나요?	Is there a **bathroom** nearby?
커피숍이 근처에 있나요?	Is there a **coffee shop** nearby?
호텔이 근처에 있나요?	Is there a **hotel** nearby?
팩스기가 근처에 있나요?	Is there a **fax machine** nearby?
한국 음식점이 근처에 있나요?	Is there a **Korean restaurant** nearby?

step2 리얼 회화 연습

A 복사 센터가 근처에 있나요?

B Sure. Do you need to make some copies?
We have a copy machine here.

A I need to make a few bound copies.

B No problem. We also have a binding machine.

A Is there a copy center nearby?
B 있죠. 복사를 좀 하셔야 하나요? 이곳에 복사기가 있는데요.
A 제본된 부분 몇 개를 만들어야 됩니다.
B 문제없어요. 제본기도 있습니다.

step3 도전! 실전 회화

편의점이 근처에 있나요? (convenience store)

⇒ _____

Q. 다음 말을 영어로 할 수 있나요?

● 뭐라도 필요하면 말씀하세요.

_____ anything, _____ .

● 의자 드릴까요?

_____ a chair?

● 고맙지만, 우리는 일을 해야 합니다.

_____ , _____ we have to work.

● 멋진 시간에 감사드립니다.

_____ a great time.

If you need..., let me know.

~이 필요하면 말씀하세요.

상대방이 어떤 것이 필요하다고 알려 주면 기꺼이 그것을 제공하겠다는 뜻을 나타냅니다. need 뒤에 필요한 명사를 넣어서 사용하면 됩니다.

유사 패턴 I'll be glad to get you... if you'd like. ‖ Do you need...?

뭐라도 필요하면 말씀하세요. **If you need anything, let me know.**

PC가 필요하면 말씀하세요. **If you need a PC, let me know.**

도움이 필요하면 말씀하세요. **If you need assistance, let me know.**

음료수가 필요하면 말씀하세요. **If you need a drink, let me know.**

통역사가 필요하면 말씀하세요. **If you need a translator, let me know.**

A   노트북이 하나 더 필요하면 말씀하세요.

B   **Another laptop would be great.**

A   **The screen on this one is a little small. Is that all right?**

B   **That'll be fine.**

A   If you need an extra laptop, let me know.
B   노트북 하나 더 있으면 아주 좋겠네요.
A   이것은 스크린이 좀 작아요. 괜찮겠어요?
B   괜찮습니다.

step3 도전! 실전 회화

프로젝터가 필요하면 말씀하십시오.

⇒ _____

Would you like...?

~ 드릴까요?

상대방이 무언가를 원하는 것 같을 때 먼저 그걸 미리 권해 주면 좋아하겠죠? Would you like 뒤에는 명사를 쓰면 됩니다.

유사 패턴 Can I get you...? || Do you want...?

물 한 병 드릴까요?	**Would you like** a bottle of water?
커피 좀 드릴까요?	**Would you like** some coffee?
샌드위치 드릴까요?	**Would you like** a sandwich?
펜과 노트 드릴까요?	**Would you like** a pen and a pad?
의자 드릴까요?	**Would you like** a chair?

A 플립 차트 드릴까요?

B Yes, that would make things easier.

A There's one next door. I'll be right back with it.

B I appreciate that.

A Would you like a flip chart?
B 네, 그러면 더 편리하겠네요.
A 옆방에 하나 있습니다. 금방 가지고 오겠습니다.
B 고맙습니다.

냅킨 드릴까요?

⇒ _____

130

I appreciate the offer, but...

(제의는) 고맙지만 ~

상대방으로부터 어떤 접대식 제의가 들어올 때 사양을 할 경우가 종종 생깁니다. 이런 경우 No thank you.나 It's okay. 를 쓰면 너무 직선적인 표현이 되니 이유를 들면서 완곡하게 거절하는 것이 좋습니다.

유사 패턴 Thank you, but... ∥ That's kind of you to offer, but...

 **step1 패턴 집중 훈련**

고맙지만, 가서 잠 좀 자야겠어요.	**I appreciate the offer, but** I should go get some sleep.
고맙지만, 우리는 일을 해야 합니다.	**I appreciate the offer, but** we have to work.
고맙지만, 좀 쉬시는 게 좋겠어요.	**I appreciate the offer, but** you should get some rest.
고맙지만, 전화를 기다리고 있어요.	**I appreciate the offer, but** I'm waiting for a call.
고맙지만, 전 노래를 못해요.	**I appreciate the offer, but** I can't sing.

 **step2 리얼 회화 연습**

A **Do you want to grab a few beers* at the bar?**

B 고맙지만, 가서 보고서를 작성해야 합니다. **Can I take a rain check*?**

A **Absolutely. I'll pick you up at the lobby again tomorrow morning.**

B **Thanks. That will be great.**

A 바로 가서 맥주 몇 잔 하실래요?
B I appreciate the offer, but I have to go write up a report. 다음 기회로 미루어도 될까요?
A 그럼요, 내일 아침에 또 로비로 모시러 올게요.
B 고마워요. 그렇게 해 주시면 좋죠.

 요건 덤!
* grab a few beers는 '맥주 몇 잔 하다' 라는 관용표현입니다.
* take a rain check은 관용구로 '다음 기회로 미루다'라는 뜻입니다.

 **step3 도전! 실전 회화**

고맙지만, 집에 가야 됩니다.

⇨ _____

Thanks so much for...

~에 감사드립니다 / ~해 주셔서 감사합니다

상대방과 시간을 보낸 뒤에는 이에 대한 고마움을 표시하는 것이 좋겠죠? 좀 더 딱딱하게 들릴 수 있는 Thank you 보다 Thanks를 사용해서 무엇이 고마웠는지를 구체적으로 언급하면 좋습니다. 이때 명사 또는 명사구가 들어갑니다.

유사 패턴 I appreciate (your)...

여기저기 구경을 시켜 주셔서 감사합니다.	**Thanks so much for showing us around.**
저녁을 사 주셔서 감사합니다.	**Thanks so much for treating us to dinner.**
멋진 시간에 감사드립니다.	**Thanks so much for a great time.**
술 사 주신 것에 감사드립니다.	**Thanks so much for the drinks.**
환대에 감사드립니다.	**Thanks so much for your hospitality.**

A 모든 것에 감사드립니다. **We had a great time.**

B **My pleasure. Would you like a ride back to your hotel?**

A **No, I think we can catch a cab.**

B **At this time of night? I'll give you a ride.**

A Thanks so much for everything. 재미있는 시간이었습니다.

B 제가 더 기쁩니다. 호텔에 차로 모셔다 드릴까요?

A 아닙니다. 택시를 잡아도 될 것 같습니다.

B 이 늦은 시각에요? 제가 모셔다 드릴게요.

조언에 감사드립니다.

⇨ _____

132

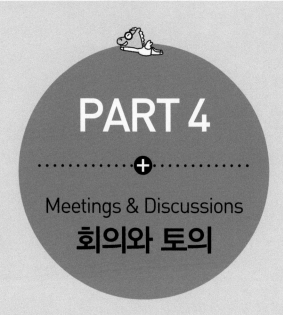

PART 4

+

Meetings & Discussions
회의와 토의

비즈니스를 하다 보면 **의견을 교환**하고, **수렴**하고 **토의**하는 과정을 거쳐 어떤 문제에 대해 **결정**을 내려야 할 때가 많습니다. 심지어 아무리 비공식적인 모임이라도 어느 정도 정해진 구조와 틀 안에서 토의나 회의를 하게 되죠. 이럴 때 참석자들에게는 질문, 답변, 의견, 동의, 반대 및 재확인 등의 적절한 패턴의 이용이 필요합니다.

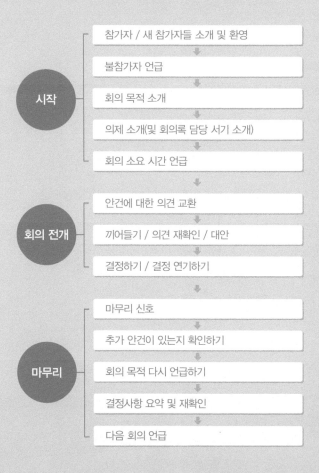

시작
- 참가자 / 새 참가자들 소개 및 환영
- 불참가자 언급
- 회의 목적 소개
- 의제 소개(및 회의록 담당 서기 소개)
- 회의 소요 시간 언급

회의 전개
- 안건에 대한 의견 교환
- 끼어들기 / 의견 재확인 / 대안
- 결정하기 / 결정 연기하기

마무리
- 마무리 신호
- 추가 안건이 있는지 확인하기
- 회의 목적 다시 언급하기
- 결정사항 요약 및 재확인
- 다음 회의 언급

Unit 14

회의 시작 및 목적/안건 언급하기

Q. 다음 말을 영어로 할 수 있나요?

● 모두 오늘 참석해 주셔서 고맙습니다.

　　　　　　　　　　　　 today.

● John도 오늘 참석했습니다.

John 　　　　　　　　　　　　 .

● Sara는 회의에 불참합니다.

Sara 　　　　　　　　　　 .

● 두 가지 결정을 하려고 오늘 모였습니다.

　　　　　　　　　　 make two decisions.

● 논의 할 안건이 세 개 있습니다.

　　　　　　　　　 three 　　　　　　　　 discuss.

● 정오까지 회의를 마칠 예정입니다.

　　　　　　　　　 by noon.

● 첫 번째 안건으로 시작합시다.

　　　　　　　　　 the first item.

정답. Thank you all for coming / is joining us today / couldn't make the meeting / We're here today to / We have, items to / The meeting should finish / Let's start with

Thank you all for coming...

모두 ~ 참석해 주셔서 고맙습니다

본격적으로 회의를 진행하기 전에 진행자가 가벼운 인사로 참가자들을 맞으면 그들의 참석과 시간을 존중한다는 기분을 주겠죠. 이 패턴에 간단하게 회의의 배경과 상황에 대한 부가적 정보를 덧붙이면 더욱 좋습니다.

유사 패턴 I want to thank everyone for coming...

 패턴 집중 훈련

모두 참석해 주셔서 고맙습니다.
Thank you all for coming.

모두 오늘 참석해 주셔서 고맙습니다.
Thank you all for coming today.

모두 회의에 참석해 주셔서 고맙습니다.
Thank you all for coming to the meeting.

짧은 공지에도 불구하고 모두 참석해 주셔서 고맙습니다.
Thank you all for coming on such a short notice.

모두 이렇게 멀리까지 와 주셔서 고맙습니다.
Thank you all for coming all this way.

 리얼 회화 연습

Okay, let's start then.
나쁜 날씨에도 불구하고 모두 참석해 주셔서 고맙습니다.
The weather's supposed to clear up by the time* we're done.

자, 그럼 시작합시다.
Thank you all for coming despite the bad weather.
우리가 끝날 때쯤이면 날씨는 갠다고 하더군요.

요건 덤!
* by the time은 '~무렵', '~할 때쯤'으로 해석되죠.

 도전 실전 회화

모두 이 비공식 회의에 참석해 주셔서 고맙습니다. (informal meeting)

⇒ _____

...is joining us today.

~도 오늘 참석했습니다.

회의에 새로이 참석하는 사람이 있으면 보통은 진행자가 새 참가자를 언급하거나 소개하게 됩니다. 이렇게 하면 아무래도 그 사람도, 다른 참가자들도 한결 편해지죠. 이 패턴에 이름, 필요시 직책, 회사를 넣으면 됩니다.

유사 패턴 I'd like to welcome... to our meeting. ‖ We have... joining the meeting today.

Jay도 오늘 참석했습니다.

Jay is joining us today.

엔지니어링부 Mr. Wallace도 오늘 참석했습니다.

Mr. Wallace from Engineering is joining us today.

Tim과 Sara도 오늘 참석했습니다.

Tim and Sara are joining us today.

손님 두 분도 오늘 참석했습니다.

Two guests are joining us today.

몇 명이 더 오늘 참석했습니다.

A few more people are joining us today.

Before we go any further, let me introduce two new people here.

AB전자에서 온 J. Woo와 T. Kim도 오늘 참석했습니다.

I believe some of you have already met them.

더 진행하기 전에, 여기 계신 새로운 두 분을 소개하죠.
J. Woo and T. Kim from AB Electronics are joining us today.
여러분 중 몇 분은 이미 이분들을 만난 걸로 압니다.

제 상사도 오늘 참석했습니다.

⇨ _____

...couldn't make the meeting.

~는 회의에 불참합니다.

여러 이유로 회의에 불참하는 사람들이 있기 마련입니다. 이럴 때 이 패턴을 사용해서 불참자 이름을 넣으면 됩니다. 흔히 아쉽다는 표현으로 Unfortunately를 패턴 앞에 붙이기도 하죠.

유사 패턴 ...won't be able to join us. ‖ ...can't attend the meeting.

step1 패턴 집중 훈련

Harry는 회의에 불참합니다.

그들은 회의에 불참합니다.

발주자 대표는 회의에 불참합니다.

두 명은 회의에 불참합니다.

Harry couldn't make the meeting.

They couldn't make the meeting.

The owner's rep couldn't make the meeting.

Two people couldn't make the meeting.

the owner (건축 용어로) 땅이나 건물 소유자

step2 리얼 회화 연습

Pat Stevens wanted me to apologize for him.

Pat은 회의에 불참합니다.

He's on a business trip right now.

Pat Stevens가 저에게 대신 사과를 전하라고 했습니다.
Pat couldn't make the meeting.
그분은 현재 출장 중입니다.

step3 도전! 실전 회화

그의 팀은 회의에 불참합니다.

⇨ _____

We're here today to...

~하려고 오늘 모였습니다

내부 회의인 경우 격의 없는 표현을 많이 사용하게 되죠. 회의 목적을 언급하는 패턴으로 동사구가 따릅니다. 조금 더 공식적인 분위기일 경우에는 아래의 유사패턴을 사용해 보세요.

유사 패턴 The purpose of the meeting is to... ‖ The objective of today's meeting is to...

두 가지 결정을 하려고 오늘 모였습니다.

We're here today to **make two decisions.**

브레인스토밍 좀 하려고 오늘 모였습니다.

We're here today to **do some brainstorming.**

몇 가지 핵심 쟁점을 논의하려고 오늘 모였습니다.

We're here today to **discuss a few key issues.**

새로운 기한에 대해 얘기를 하려고 오늘 모였습니다.

We're here today to **talk about the new deadline.**

새 제품명을 결정하려고 오늘 모였습니다.

There are twelve potential names on the list.
By the end of the meeting, we would like to have just one name remaining.

We're here today to decide on the name for the new product.
목록에는 12개의 이름 후보들이 있습니다.
회의가 끝날 쯤에는 딱 하나의 이름이 남기를 바랍니다.

새 장소를 결정하려고 오늘 모였습니다. (a new site)

⇒ _____

We have~ items to...

...할 안건이 ~개 있습니다

참가자 모두에게 의제가 무엇인지를 알릴 때 사용하는 패턴입니다. items 대신 topics, issues 또는 things라는 단어도 사용하죠.

[유사 패턴] On the agenda, there are~ items to...

step 1 패턴 집중 훈련

논의할 안건이 세 개 있습니다.
얘기를 나눌 안건이 두 개 있습니다.
결정할 안건이 네 개 있습니다.
논의할 안건이 단 한 개 있습니다.
살펴봐야 할 안건이 두 개 있습니다.

We have **three** items to **discuss**.
We have **two** items to **talk about**.
We have **four** items to **decide on**.
We have **just one** item to **discuss**.
We have **two** items to **explore**.

step 2 리얼 회화 연습

Is everyone clear about the objective?
Great.
Now, there is a lot to cover* and not a whole lot of time.*
세부적으로 논의할 안건이 세 개 있습니다.

목표에 대해 모두 명확합니까?
좋습니다.
자, 다룰 것은 많고 시간은 별로 없습니다.
We have 3 items to discuss in detail.

> ● 요건 덤! ●
> * 여기서 cover는 '다루다'라는 뜻입니다.
> * a lot of~는 '많은~'이고, a whole lot of~는 '아주 많은~'입니다.

step 3 도전! 실전 회화

논의할 안건이 여섯 개가 넘습니다. (discuss)

⇒ _____

The meeting should finish...

~까지 회의를 마칠 예정입니다

회의가 길어지는 걸 예방하기 위해 진행자가 회의 시간을 못박아 두는 경우가 많죠. 이 패턴은 전치사와 함께 정해진 시간을 붙이면 간편하게 사용할 수 있습니다. 참고로 시간을 언급할 때 o'clock이나 a.m., p.m.을 생략하는 경우가 많죠.

유사 패턴 I hope to finish... ‖ I'm expecting to finish...

step1 패턴 집중 훈련

정오까지 회의를 마칠 예정입니다.	The meeting should finish **by noon.**
2시까지 회의를 마칠 예정입니다.	The meeting should finish **by two.**
6시에 회의를 마칠 예정입니다.	The meeting should finish **at six.**
3시 전에 회의를 마칠 예정입니다.	The meeting should finish **before three.**
1시간 안에 회의를 마칠 예정입니다.	The meeting should finish **in an hour.**

step2 리얼 회화 연습

We'll probably be here for two hours at the most.*
It's three o'clock now, so 회의는 5시까지 마칠 예정입니다.
We can take a short break at four or so.*

우린 길어야 여기서 2시간 있을 겁니다.
지금이 3시니까, the meeting should finish by five.
4시 정도에 짧은 휴식시간을 가져도 될 것 같습니다.

> ● 요건 덤!
> * at the most는 '많아야,' '기껏해야'라는 뜻입니다.
> * or so는 '정도'입니다.

step3 도전! 실전 회화

3시간 안에 회의를 마칠 예정입니다.

⇒ _____

140

Let's start with...

~으로 시작합시다

언급했던 의제를 토대로 해서 회의를 본격적으로 시작하는 패턴입니다. Let's ~ with...는 '...으로 ~합시다'라는 뜻으로, Let's 뒤에 동사 start 대신 다른 동사를 넣어서 다양한 표현을 만들 수 있습니다. Let's end with(~으로 끝냅시다)처럼요.

유사 패턴 Why don't we begin with...? ‖ We'll go ahead and start with...

첫 번째 안건으로 시작합시다. **Let's start with the first item.**

이전 안건으로 시작합시다. **Let's start with old business.**

프레젠테이션으로 시작합시다. **Let's start with the presentation.**

지난 회의의 요약으로 시작합시다. **Let's start with a recap of our last meeting.**

old business 이전 안건   recap 요약

A Tina의 보고로 시작합시다. **Tina, are you all set to go*?**

B **Yeah, I'm ready.**

A **Okay, what do you have for us today?**

A Let's start with Tina's report. Tina, 시작할 준비 다 됐나요?
B 네, 준비됐습니다.
A 좋아요, 오늘 우리를 위해 무엇을 준비했나요?

요건 덤!
* all set to go는 무엇을 '시작할 준비가 되어있는'이라는 뜻입니다.

step3 도전 실전 회화

짧은 토의로 시작합시다. (discussion)

⇒ _____

Q. 다음 말을 영어로 할 수 있나요?

- 이것에 대한 당신의 의견은요?

  _____ this?

- 제가 보기엔 예산이 너무 낮습니다.

  _____ , the budget is too low.

- 당신의 의견에 동의합니다.

  _____ you.

- 그 요점에 동의하기 어렵습니다.

  _____ that point.

- 일리는 있지만 저는 동의 못합니다.

  _____ , _____ I can't agree.

- 왜 그런지 말해 주시겠어요?

  _____ tell me why?

- 당신이 그걸 하겠다는 말입니까?

  _____ you will do it?

- 제 뜻은 당신 말이 옳다는 겁니다.

  _____ you're right.

정답. What's your view on / As I see it / I agree with / That's a good point,
but / Could you / Are you saying that / What I mean is

What's your view on...?

~에 대한 당신의 의견은요?

참가자들에게 의견을 물어볼 때는 view 대신 opinion, thought, position 등 다양한 단어를 사용할 수 있죠. 물론 opinion을 가장 많이 사용하지만 view는 '의견'보다 더 넓은 뉘앙스인 '견해', '관점'이라는 뜻을 가지고 있습니다.

유사패턴 What do you think about...? ‖ I'd like to get your opinion on... ‖ Let's hear your thoughts on...

 **step1** 패턴 집중 훈련

이것에 대한 당신의 의견은요?	**What's your view on this?**
이 모든 것에 대한 당신의 의견은요?	**What's your view on all this?**
그의 논평에 대한 당신의 의견은요?	**What's your view on his comment?**
이 제안에 대한 당신의 의견은요?	**What's your view on the proposal?**
그녀의 제의에 대한 당신의 의견은요?	**What's your view on her suggestion?**

step2 리얼 회화 연습

A **Paula, you've heard Steve's opinion.** 그것에 대한 당신의 의견은요?

B **I need more information before I can fully agree, but...**

A **But?**

B **But Steve does have a point.**＊

A Paula, Steve의 의견을 들었죠. **What's your view on that?**
B 완전히 동의하기에는 더 많은 정보가 필요합니다. 그렇지만……
A 그렇지만?
B 그렇지만 Steve의 말에 일리가 있긴 있습니다.

> 요건 덤!
> ＊have a point는 '말에 일리가 있다'라는 뜻인데, 여기에다 do로 강조하면 '있긴 있다'라는 뜻이 됩니다.

 **step3** 도전! 실전 회화

제안된 조사에 대한 당신의 의견은요? (research)

⇒ _____

As I see it,...

제가 보기엔 ~

자신의 의견을 확실히 말할 때 사용하는 패턴으로, '주어+동사'가 들어가는 절이 뒤를 따르죠. 만약에 조금 더 완곡하게 의견을 제시해야 할 때는 '어쩌면'이라는 뜻으로 It's possible that 또는 Maybe로 바꿔서 사용하면 됩니다.

유사 패턴 To me,... ‖ It's my opinion that... ‖ Clearly...

step1 패턴 집중 훈련

제가 보기엔 그들은 일을 망치고 있습니다.	**As I see it,** they are doing a bad job.
제가 보기엔 그건 실수입니다.	**As I see it,** that is a mistake.
제가 보기엔 예산이 너무 낮습니다.	**As I see it,** the budget is too low.
제가 보기엔 해결책이 딱 하나입니다.	**As I see it,** there's only one solution.
제가 보기엔 배송에 집중해야 됩니다.	**As I see it,** we need to focus on delivery.

step2 리얼 회화 연습

A   제가 보기엔 그걸 하려면 세 사람이 필요합니다.

B   **Can you elaborate on that?**

A   **One person has to operate the forklift. Another assists, and the last person takes inventory.**

B   **I see what you mean.***

A   As I see it, we would need three people for that.
B   더 자세히 말해 주실래요?
A   한 사람은 지게차를 운전해야 되죠. 또 다른 사람은 돕고, 그리고 마지막 사람이 재고를 관리하죠.
B   무슨 뜻인지 알겠네요.

요건 덤!
* I see what you mean. 은 패턴이라기보다 하나의 덩어리 표현으로 보면 됩니다. 다른 사람의 의견이 이해가 갈 때 동의를 하는 거죠.

step3 도전! 실전 회화

제가 보기엔 세 가지 접근 방식이 있습니다. (approach)

⇨ _____

I think that's...

제 생각엔 그건 ~입니다

회의 참가자 중 한 명이 언급한 의견이나 제안에 대한 견해를 말할 때 사용할 수 있는 아주 간단하고도 명료한 패턴이죠. 참고로 don't를 think 앞에 붙이면 부정적 견해를 표명하게 됩니다. In my opinion이나 In my view에 that's를 붙여도 됩니다.

유사 패턴 I feel that's... ‖ In my opinion, that's... ‖ In my view, that's...

step1 패턴 집중 훈련

제 생각엔 그건 아주 좋은 아이디어입니다.	I think that's a great idea.
제 생각엔 그건 좋지 않은 아이디어입니다.	I think that's a bad idea.
제 생각엔 그건 뚜렷한 해결책입니다.	I think that's the clear-cut solution.
제 생각엔 그건 올바른 결정이 아닙니다.	I don't think that's the right decision.
제 생각엔 그건 그가 말한 것이 아닙니다.	I don't think that's what he said.

step2 리얼 회화 연습

A **What is your view on Bert's comment?**

B 제 생각엔 그건 좋은 아이디어가 아닙니다.

A **Why not?**

B **Because we don't have all the data yet. So we would only be making an assumption.**

A Bert의 언급에 대한 당신의 의견은요?
B I don't think that's a good idea.
A 왜 아니죠?
B 우린 모든 데이터가 아직 없기 때문입니다. 그러니 추측만 하는 꼴이 되는 거죠.

step3 도전 실전 회화

제 생각엔 그건 창조적인 해결책입니다. (solution)

⇒ _____

I agree with...

~(의견)에 동의합니다

의견이나 제의에 동의를 한다는 뜻인데, 이 패턴 뒤에는 동의하는 발언자 또는 발언 자체가 따를 수 있습니다. agree 앞에 totally나 completely(전적으로)를 붙여 강조하기도 하고, partially, sort of나 kind of를 붙여서 부분적 동의를 표현하기도 합니다.

유사 패턴 I'm in agreement with...

그의 의견에 동의합니다.	**I agree with** him.
그 의견에 동의합니다.	**I agree with** that.
첫 번째 요점에 동의합니다.	**I agree with** the first point.
당신이 말한 모든 것에 전적으로 동의합니다.	**I totally** agree with everything you said.
당신의 의견에 어느 정도 동의합니다.	**I sort of** agree with you.

A Annie, you don't look convinced. You don't agree?

B Well, 당신이 말한 것에 대부분 동의해요.

A Most? Which part don't you agree with?

B I don't agree with the part about the supplier.
We should go with a different supplier.

A Annie, 납득하지 않는 것 같네요. 동의하지 않으세요?
B 아, I agree with most of what you said.
A 대부분이요? 어떤 부분에 동의하지 않나요?
B 납품업체에 대한 부분에 동의 못합니다. 다른 납품업체와 하는 것이 좋을 것 같습니다.

그 아이디어에 동의합니다.

⇒ _____

I'm not sure I agree with...

~(의견)에 동의하기 어렵습니다

동의할 때는 간단하면서도 단도직입적으로 할 수 있지만, 아무래도 동의하지 못할 때는 조심스런 표현이 요구될 겁니다. 직설적으로 I disagree.라고 할 수도 있겠지만 대부분의 경우에는 확신을 가질 수 없다는 뜻의 이 패턴을 사용하면 좋겠죠.

유사 패턴 | I don't think I agree with... ‖ I'm afraid I don't agree with...

그들 의견에 동의하기 어렵습니다.	**I'm not sure I agree with them.**
당신의 의견에 동의하기 어렵습니다.	**I'm not sure I agree with you.**
그의 안에 동의하기 어렵습니다.	**I'm not sure I agree with his plan.**
그 요점에 동의하기 어렵습니다.	**I'm not sure I agree with that point.**
마지막 의견에 동의하기 어렵습니다.	**I'm not sure I agree with the last opinion.**

step2 리얼 회화 연습

A 당신이나 Tina의 의견에 동의하기 어렵습니다.

B **Why not?**

A **Neither of you have a solution that's viable.***

B **Can I hear your opinion then? What would you suggest?**

A I'm not sure I agree with either you or Tina.
B 왜죠?
A 두 분 중 누구도 실용적인 해결책이 없잖아요.
B 그럼 당신의 의견을 들을 수 있나요? 어떻게 하면 좋을까요?

> 요건 덤!
> * viable는 '실행이 가능한', '실용적인'이
> 라는 뜻입니다.

step3 도전! 실전 회화

당신이 말한 어떤 것에도 동의하기 어렵습니다.

⇒ _____

That's a good point, but...

일리는 있지만 ~

무슨 말인지는 알겠고 좋은 지적이긴 하지만 자기는 사실상 동의할 수 없다는 뉘앙스를 나타냅니다. 뒤에는 '주어+동사'가 들어가 진짜 말하고 싶은 의견이 따르죠.

유사 패턴 I see what you mean, but... ‖ I can see your point, but... ‖ Point well taken, but...

일리는 있지만 저는 동의 못합니다.	That's a good point, but **I can't agree.**
일리는 있지만 두 번째 문제는요?	That's a good point, but **what about the second problem?**
일리는 있지만 좀 더 구체적인 것이 필요합니다.	That's a good point, but **we need something more concrete.**
일리는 있지만 주요 쟁점을 하나 빼먹었습니다.	That's a good point, but **you left out an important issue.**

A I'm convinced we should reject their offer. It's way too low.

B 일리는 있지만 다른 선택의 여지가 있나요?

A I don't think it's about choices. It's about profits.

B Yes, it is about profits. But we have no other choice.

A 그들의 제안을 거절해야 된다고 확신합니다. 액수가 너무 낮아요.
B That's a good point, but what choice do we have?
A 선택에 대한 건 아니라고 봐요. 이익에 대한 것입니다.
B 네, 이익에 대한 것이죠. 하지만 다른 선택이 없잖아요.

일리는 있지만 제가 말한 것에 대한 오해가 있었던 것 같습니다. (misunderstand)

⇒ _____

Sorry, can I...?

미안한데, ~해도 될까요?

회의 중 누군가가 발언을 할 때 무작정 끼어드는 건 금물이죠. 우선 Sorry나 Excuse me 같은 말로 끼어들겠다는 신호를 보내고 Can I와 동사구를 붙입니다.

유사패턴 Excuse me, could I...? ‖ Hold on, can I...? ‖ Wait, let me...

미안한데, 잠깐 끼어들어도 될까요?	**Sorry, can I** interrupt you for a second**?**
미안한데, 뭐 하나 말해도 될까요?	**Sorry, can I** say something here**?**
미안한데, 뭐 하나 추가해도 될까요?	**Sorry, can I** just add something**?**
미안한데, 다시 말해 달라고 해도 될까요?	**Sorry, can I** ask you to repeat that**?**
미안한데, 그것에 대해 말 좀 해도 될까요?	**Sorry, can I** comment on that**?**

A **Yoon has already agreed to go with me. So I think…**

B 미안한데, 여기서 끼어들어도 될까요?

A **Sure, Yoon. You have something to add?**

B **No, I just want to clarify that I didn't agree to go with you.**

A Yoon은 이미 저와 함께 가기로 했습니다. 그러니 제 생각에는…….
B Sorry, can I just interrupt you right there?
A 그래요, Yoon. 뭐 추가할 사항이 있나요?
B 아니요, 제가 당신과 함께 가기로 하지 않았다는 걸 분명히 말해 두고 싶어서요.

미안한데, 뭐 하나 말씀드려도 될까요?

⇒ _____

Could you...?

~해 주시겠어요?

상대방의 발언이 잘 이해되지 않을 때가 있습니다. 이럴 때는 사례나 구체적인 정보가 더 필요하겠죠. 이때 사용하는 패턴으로 뒤에 동사가 따릅니다.

유사 패턴 Can you...? ‖ Would you mind -ing...? ‖ Please...

예를 하나 들어 주시겠어요?	Could you give me an example?
더 자세히 설명해 주시겠어요?	Could you explain that more in detail?
더 명확히 해 주시겠어요?	Could you clarify that?
좀 더 구체적으로 말씀해 주시겠어요?	Could you be more specific?
왜 그런지 말씀해 주시겠어요?	Could you tell me why?

A We don't know when the board will meet.

B You know, I heard they're meeting next week. Friday, I think.

A 어디서 그 정보를 얻었는지 말씀해 주시겠어요?

B I got it from a reliable source*. A board member told me.

A 이사회가 언제 모일지 우린 모릅니다.
B 있잖아요, 전 그들이 다음주에 모인다고 들었는데요. 금요일인 것 같아요.
A Could you tell me where you got that information?
B 믿을 만한 소식통으로부터 알아냈습니다. 이사님 한 분이 말씀해 주셨어요.

요건 덤!
*a reliable source는 '믿을 만한 소식통'
이라는 말입니다.

언제인지 말씀해 주시겠어요? (when)

⇒ _____

MP3를 들어보세요 pattern 110

Are you saying (that)...?

~이라는 말입니까?

상대방의 발언을 들은 후 혼동이 되거나 믿기지 않을 때 재확인하는 차원에서 사용하는 패턴입니다. 발언을 그대로 다시 반복하는 것이 아니라 좀 바꾸어서 말해야 바람직하겠죠. 뒤에는 '주어+동사'를 씁니다.

유사 패턴 Did you mean to say (that)...? ‖ By that, do you mean...?

step1 패턴 집중 훈련

아무것도 하지 말자는 말입니까?	**Are you saying (that) we should do nothing?**
조경을 다시 해야 된다는 말입니까?	**Are you saying (that) we need to redo the landscaping?**
저보고 고객과 얘기해 보라는 말입니까?	**Are you saying (that) I take it up with the client?**
당신이 그걸 하겠다는 말입니까?	**Are you saying (that) you will do it?**

take it up with... ~와 이야기해 보다, 다루다

step2 리얼 회화 연습

A I don't understand why the generator won't start.
That's your specialty, isn't it?

B Look, we did everything by the book.
And we double-checked* everything.

A 저희 잘못이라는 말입니까?

B I'm not saying that at all. I don't think it's anyone's fault.

A 발전기가 왜 작동되지 않는지 이해가 안 돼요. 그건 그쪽 전문 분야 아닌가요?
B 저기요, 우린 다 교과서대로 했습니다. 또 다 재확인했고요.
A Are you saying that it's our fault?
B 그런 말 절대 아닙니다. 누구의 잘못도 아닌 것 같습니다.

> 요건 덤!
> * double-check는 말 그대로 재차 확인한다는 뜻이 됩니다.

step3 도전! 실전 회화

몰랐다는 말입니까?

⇒ _____

What I mean is...

제 뜻은 ~이라는 겁니다

누군가로부터 본인의 발언에 대한 재확인 요청이 들어왔을 경우 이 패턴에 '주어+동사'를 붙여서 본인의 생각을 말하면 됩니다. 했던 말을 그대로 반복하지 말고 상대방의 이해를 돕기 위해 다른 식으로 말하는 것이 좋겠죠.

유사 패턴 What I was saying was... ‖ My point was...

 **step1 패턴 집중 훈련**

제 뜻은 제가 동의하지 않는다는 겁니다.	**What I mean is** I don't agree.
제 뜻은 당신 말이 옳다는 겁니다.	**What I mean is** you're right.
제 뜻은 그들과 거래를 그만해야 한다는 겁니다.	**What I mean is** we have to stop dealing with them.
제 뜻은 아마 CEO가 동의하지 않을 거라는 겁니다.	**What I mean is** the CEO probably won't agree.

step2 리얼 회화 연습

A Barbara, our company is now in the top ten.

B Yes, but in terms of technology, we're not there yet.*

A What do you mean by "not there yet?"

B 제 뜻은 우린 아직까지도 핵심 부품들을 구입하고 있다는 겁니다.

A Barbara, 우리 회사는 이제 10위 안에 들었습니다.

B 그렇긴 하지만, 기술 면에서는 아직 모자랍니다.

A '아직 모자란다'라는 건 무슨 뜻입니까?

B What I mean is we're still purchasing key components.

> **요건 덤!**
> * 여행을 갈 때 목적지에 아직 도착하지 못했으면 not there yet이라고 하는데, 여기서는 그걸 비유한 거죠.

step3 도전! 실전 회화

제 뜻은 시장조사를 실시하면 좋겠다는 겁니다. (conduct)

⇒ _____

How about -ing?

~하면 어떨까요?

어떤 문제에 대한 해결 방안 또는 대안을 제시할 때 사용할 수 있는 패턴으로, 뒤에는 동사의 -ing 형태를 씁니다. 유사 패턴인 We could이나 Why don't we를 사용할 때는 단수형 동사가 붙죠.

유사패턴 We could + 단수형 동사 ‖ Why don't we + 단수형 동사? ‖ What about -ing?

step1 패턴 집중 훈련

TFT를 구성하면 어떨까요?	How about creating a TFT?
회의를 소집하면 어떨까요?	How about calling a meeting?
개장을 미루면 어떨까요?	How about postponing the opening?
그냥 그들이 계속하게 놔두면 어떨까요?	How about simply letting them continue?
진행해 버리면 어떨까요?	How about just going through with it?

TFT(task force team) 책임 전담팀

step2 리얼 회화 연습

A　What exactly is the problem?

B　We have a bug in the software. It will take some time to fix it.

A　출시를 연기하면 어떨까요? The date hasn't been announced yet.

B　You're right. I guess* that's what we will have to do.

A　문제가 구체적으로 뭡니까?
B　소프트웨어에 버그가 있습니다. 고치려면 시간이 좀 걸립니다.
A　How about delaying the launch? 아직 날짜가 발표되진 않았잖아요.
B　당신 말이 맞습니다. 그래야 할 것만 같네요.

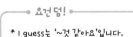
요건 덤!
* I guess는 '~것 같아요'입니다.

step3 도전! 실전 회화

메모를 내보내면 어떨까요?

⇒ _____

We have to...

~해야 합니다

앞에서는 제시한 해결 방안이나 대안에 정중한 뉘앙스가 있었다면 이 패턴은 적극적으로 당부를 하는 느낌이 있고 확신에 차있습니다. 왠지 have to 대신 must를 쓰고 싶을 수도 있겠지만 참아야 합니다. must는 너무 강한 어조의 단어니까요.

유사 패턴 We need to... ‖ It's essential for us to... ‖ It's important that we...

step1
패턴 집중 훈련

단호하게 행동해야 합니다.	**We have to act decisively.**
구조조정을 해야 합니다.	**We have to restructure.**
새로운 시장으로 확장해 나가야 합니다.	**We have to expand into new markets.**
프로젝트를 당장 중지시켜야 합니다.	**We have to stop the project now.**
그들의 공헌을 인정해야 합니다.	**We have to recognize their contribution.**

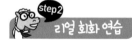

step2
리얼 회화 연습

A **So how do we remedy this situation? Issue a massive recall?**

B 기자회견을 열어야 합니다. **And we have to do that immediately.**

A **And then what would we tell the reporters?**

B **We tell them the truth.**

A 그러니 어떻게 이 문제를 개선해야 할까요? 대대적으로 리콜을 실시하나요?

B We have to call a press conference. 그리고 그걸 당장 해야 합니다.

A 그러고 나서 기자들에게 뭐라고 해야 하죠?

B 사실을 얘기하는 겁니다.

step3
도전! 실전 회화

우선적으로 우리 고객을 고려해야 합니다. (customer)

⇨ _____

16

회의 진행하기

Q. 다음 말을 영어로 할 수 있나요?

● 이것에 대해 의견 있는 사람 있나요?

            have an opinion about this?

● Tom에게 들어 봅시다.

            Tom.

● 짧은 휴식을 취하는 게 좋을 듯합니다.

            take a short break.

● 자, 다음 안건으로 넘어갑시다.

            the next item.

Does anyone...?

~하는 사람 있나요?

회의 중 누군가가 의견을 말하면 진행자가 나머지 참가자들에게 자유롭게 거기에 대한 발언을 할 수 있다는 뜻으로 사용하는 패턴입니다.

유사 패턴 Anybody...? ‖ Is there anyone who+3인칭 단수형 동사?

---

step1 **패턴 집중 훈련**

이것에 대해 의견 있는 사람 있나요?	**Does anyone** have an opinion about this?
Harry의 의견에 동의하는 사람 있나요?	**Does anyone** agree with Harry?
그걸 반대하는 사람 있나요?	**Does anyone** disagree with that?
뭐라도 추가하고 싶은 사람 있나요?	**Does anyone** want to add anything?
다른 견해 있는 사람 있나요?	**Does anyone** have a different view?

---

step2 **리얼 회화 연습**

A 다른 선택을 제시하고 싶은 사람 있나요?

B I do. I think we should consider building* the factory in Ulsan.

A Ah, that's certainly different from Mary's opinion. Why Ulsan?

B We already have suppliers there. In China, we don't.

A Does anyone want to propose a different option?
B 여기 있습니다. 울산에 공장을 세우는 걸 고려해야 될 겁니다.
A 아, 그건 Mary의 의견하고 확실히 다르군요. 왜 울산이죠?
B 우린 이미 거기 납품업체들이 있습니다. 중국엔 없잖아요.

요건 덤!

* consider 다음에는 -ing가 들어갑니다. 예를 들어 You should consider jogging every day.처럼요.

---

step3 **도전! 실전 회화**

해결책을 제시하고 싶은 사람 있나요? (solution)

⇒ _____

156

Let's hear from...

~에게 들어 봅시다

회의를 주관하는 진행자로서는 여러 의견과 반응을 골고루 이끌어 내는 것이 중요하겠죠. 이럴 때 아직 의견을 제시하지 않은 참석자들에게 의견을 듣기 위해 사용하는 패턴입니다.

유사 패턴 Why don't we hear from...? ‖ Can we get some input from...? ‖
Any thoughts from...?

Ted에게 들어 봅시다.	**Let's hear from** Ted.
책임 전담팀에게 들어 봅시다.	**Let's hear from** the task force team.
방 이쪽에 있는 사람들에게 들어 봅시다.	**Let's hear from** this side of the room.
다른 사람에게 들어 봅시다.	**Let's hear from** someone else.

Thank you, Al, for your thoughts.
Okay, we got a lot of opinions from the project teams, but we heard nothing from the head office staff.
So Mr. Kim에게 들어 봅시다.

Al, 의견을 줘서 고마워요.
자, 프로젝트 팀들에겐 많은 의견을 받았지만, 본부 직원들에게는 아무것도 못 들었네요.
그럼 let's hear from Mr. Kim.

매니저들에게 들어 봅시다.

⇒ _____

Maybe we should...

~하는 게 좋을 듯합니다

논의가 너무 달아오른다든가 예상보다 길어질 때, 진행자나 참가자가 휴회를 하거나 논의를 미루자는 등의 자신의 견해를 제시하면서 사용할 수 있는 패턴입니다. 흔히 뒤에 붙는 동사구는 간단명료한 편이죠.

유사 패턴 Can I suggest that we...? ‖ It might be a good idea to...

우선은 휴회하는 게 좋을 듯합니다.	Maybe we should adjourn for now.
짧은 휴식을 취하는 게 좋을 듯합니다.	Maybe we should take a short break.
안건의 논의를 미루는 게 좋을 듯합니다.	Maybe we should table it.
세부적으로 논하는 게 좋을 듯합니다.	Maybe we should discuss this in detail.
표결에 부치는 게 좋을 듯합니다.	Maybe we should put it to a vote.

table (논의를) 미루다

 리얼 회화 연습

A All right, everyone, let's just stop right there.
We're not getting anywhere* discussing this item to death.*

B 나중에 다시 다루는 게 좋을 듯합니다.

A Thanks, Stella. That's an excellent idea.

요건 덤!

*not get anywhere는 말 그대로 '아무 소용이 없다'라는 의미이고, to death는 '극도로', '지겹도록'입니다.

A 자, 여러분, 여기서 그만합시다.
이 안건을 죽어라 논의해 봤자 아무 소용이 없습니다.
B Maybe we should come back to it later.
A 고마워요, Stella. 그거 아주 좋은 생각입니다.

 도전! 실전 회화

우리 타협하는 게 좋을 듯합니다. (compromise)

⇒ _____

Now, let's move onto...

자, ~으로 넘어갑시다

한 안건에 대해 충분하게 토의를 했으면 진행자는 다음 안건으로 넘어가야 되겠죠. 이 패턴을 사용해서 다음 안건을 언급하면 간단합니다.

유사 패턴 Okay, the next item we have is... ‖ Next, we come to...

step1 패턴 집중 훈련

자, 다음 안건으로 넘어갑시다.	Now, let's move onto **the next item.**
자, 다른 안건으로 넘어갑시다.	Now, let's move onto **another item.**
자, 마지막 주제로 넘어갑시다.	Now, let's move onto **the last topic.**
자, 직원 채용 문제로 넘어갑시다.	Now, let's move onto **the issue of staffing.**

step2 리얼 회화 연습

I think that's everything we want to discuss on that.
자, 다른 안건으로 넘어갑시다.
We need to discuss the ongoing* problem of inventory control.

그것에 대한 토의는 다 한 것 같습니다.
Now, let's move onto a different item.
지속적으로 일어나고 있는 재고 관리 문제에 대해 토의를 해야 합니다.

요건 덤!
*ongoing은 '지속되는', '계속 진행 중인'이라는 말입니다.

step3 도전! 실전 회화

자, 오늘에 있어 가장 중요한 안건으로 넘어갑시다. (item)

⇒ _____

회의 내용 요약 및 마무리하기

Q. 다음 말을 영어로 할 수 있나요?

- 당신의 보고는 다음 번에 듣겠습니다.

  ＿＿＿＿＿＿＿＿＿ hear your report ＿＿＿＿＿＿＿＿＿ .

- 끝내기 전에 제가 놓친 것 있나요?

  ＿＿＿＿＿＿＿＿＿ , ＿＿＿＿＿＿＿＿＿ anything I missed?

- 주요 요점을 요약해 보겠습니다.

  ＿＿＿＿＿＿＿＿＿ the main points?

- 출장 날짜를 정했습니다.

  ＿＿＿＿＿＿＿＿＿ on the date for the trip.

- 다음 회의는 수요일에 있습니다.

  ＿＿＿＿＿＿＿＿＿ on Wednesday.

We'll... next time.

~은 다음 번에 하겠습니다.

시간이 허락되지 않아 특정 안건에 대한 논의를 제대로 할 수가 없는 경우가 있습니다. 이럴 땐 이 패턴에 동사가 들어가며 그 안건이나 주제가 뒤따르게 됩니다. 안건을 미루는 이유를 언급하면 더욱 좋겠죠.

유사 패턴 We'll have to... next time. ‖ We can... during the next meeting.

이 안건은 다음 번에 다루겠습니다.	We'll deal with this item next time.
일정에 대한 논의는 다음 번에 하겠습니다.	We'll discuss the scheduling next time.
제안에 대한 투표는 다음 번에 하겠습니다.	We'll vote on the proposal next time.
결정은 다음 번에 내리겠습니다.	We'll make the decision next time.
당신의 보고는 다음 번에 듣겠습니다.	We'll hear your report next time.

Unfortunately, we're out of* time.
이 안건은 다음 번에 다시 논의하겠습니다.
Okay, I think we've covered everything.

아쉽게도 시간이 다 됐습니다.
We'll talk about this item again next time.
자, 모든 걸 다 다룬 것 같습니다.

⟶ 요건 덤!
* out of~는 무엇이 '다 떨어진'이니까, out of time은 'time(시간)이 다 지났다'는 뜻이죠.

이 논의는 다음 번에 계속하겠습니다. (continue)

⇒ _____

Before we finish, is there any...?

끝내기 전에 ~ 있나요?

회의를 마무리하기 전에 추가 질문이나 내용이 있는지를 참가자들에게 확인하는 단계에서 사용하는 패턴입니다. 흔히 모든 내용이 회의록에 기재되기 때문에 참가자들에게 마지막으로 발언할 기회를 제공하는 거죠.

유사 패턴 Anyone have any... before we close? ‖ We're ready to wrap up, so anyone have...?

step1 패턴 집중 훈련

끝내기 전에 제가 놓친 것 있나요?	**Before we finish, is there any**thing I missed**?**
끝내기 전에 다른 안건 있나요?	**Before we finish, is there any other business?**
끝내기 전에 질문 있나요?	**Before we finish, are there any questions?**
끝내기 전에 다른 의견 있나요?	**Before we finish, are there any more ideas?**
끝내기 전에 마지막 논평 있나요?	**Before we finish, are there any last comments?**

step2 리얼 회화 연습

A 끝내기 전에 뭐 다른 사항 있나요?

B Yeah, I have a quick question.*

A Sure, Jane. What is it?

B Did you want me to join the new team? I wasn't sure.

A Before we finish, is there anything else?
B 네, 아주 간단한 질문 하나 있습니다.
A 그래요, Jane. 뭡니까?
B 제가 새 팀에 합류하길 원하셨나요? 확실하지 않아서요.

요건 덤!

* quick question은 '빠른 질문'이라기
보다 '간단한 질문'이라는 뜻입니다.

step3 도전! 실전 회화

끝내기 전에 이의 있나요? (objection)

⇒ _____

Why don't I summarize...?

~을 요약해 보겠습니다.

회의 시작 전에 목표와 의제가 언급되었죠. 이제 끝내는 단계에서 논의한 모든 안건을 요약하면서 정리를 해 주는 건 진행자의 의무라고 할 수 있습니다. 패턴 뒤에 명사가 따릅니다.

유사 패턴 I'd like to go over... ‖ Let me recap...

주요 요점을 요약해 보겠습니다.

Why don't I summarize the main points?

논의된 모든 걸 요약해 보겠습니다.

Why don't I summarize everything we discussed?

중요 결정 사항을 요약해 보겠습니다.

Why don't I summarize the important decisions?

오늘 이루어낸 사항을 요약해 보겠습니다.

Why don't I summarize what we accomplished today?

오늘 논의한 핵심 안건들을 요약해 보겠습니다.

We talked about last quarter's advertisement expenses, this quarter's budget, and the ad proposal from Timely & Nest Agency.

Why don't I summarize the key issues we discussed today?
우린 지난 분기의 광고 지출, 이번 분기의 예산, 그리고 Timely & Nest Agency의 광고 제안서에 대해 얘기를 했습니다.

결정된 사항만 요약해 보겠습니다. (decision)

⇒ _____

We've decided...

~ 결정했습니다

회의에서 내려진 결정 사항들은 재확인을 위해 참가자들 모두에게 꼭 다시 언급하는 것이 중요합니다. 나중에 회의록에도 기재가 됩니다. 이 패턴 뒤에는 'on+명사'나 'to+동사'가 붙습니다.

유사 패턴 We've made the decision...

하청업체를 결정했습니다.	**We've decided** on the subcontractor.
출장 날짜를 결정했습니다.	**We've decided** on the date for the trip.
숫자 재계산을 회계부에게 요청하기로 결정했습니다.	**We've decided** to ask Accounting to redo the numbers.
Joe가 팀을 책임지게 하기로 결정했습니다.	**We've decided** to have Joe head up the team.
고객에게 이메일을 보내기로 결정했습니다.	**We've decided** to send out an e-mail to the client.

head up (부서 등을) 이끌다, 책임지다

Let's go over the decisions.
호주에 있는 컨설턴트와 협상을 하기로 결정했습니다.
We also decided on the location for the third store.

결정 사항을 요약해 보겠습니다.
We've decided to negotiate with the consultant from Australia.
그리고 세 번째 지점 위치를 결정했습니다.

투표를 미루기로 결정했습니다. (postpone)

⇨ _____

Our next meeting is...

다음 회의는 ~ 있습니다

다음 회의 일정이 이미 정해져 있든지 아니면 회의 종료 전에 정하든지 간에, 진행자는 그 날짜를 언급하는 것이 중요합니다. 이 패턴으로 날짜, 시간 및 장소를 언급할 수 있습니다.

유사 패턴 We'll meet again... ‖ I'll see you all...

 패턴 집중 훈련

다음 회의는 화요일에 있습니다.
Our next meeting is on Tuesday.

다음 회의는 12월 2일에 있습니다.
Our next meeting is on December 2.

다음 회의는 다음 달로 예정되어 있습니다.
Our next meeting is set for next month.

다음 회의는 본사에서 있습니다.
Our next meeting is at the head office.

step2 리얼 회화 연습

Anna will e-mail everyone the minutes.
다음 회의는 5월에 있습니다.
The exact date hasn't been set yet.

Anna가 회의록을 이메일로 모두에게 보내겠습니다.
Our next meeting is in May.
정확한 날짜는 아직 못 잡았습니다.

step3 도전! 실전 회화

다음 회의는 내일 있습니다.

⇒ _____

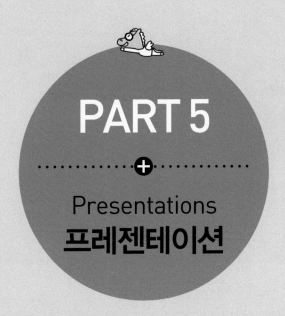

PART 5

Presentations
프레젠테이션

프레젠테이션에는 시작, 본론, 마무리라는 뚜렷한 구조가 있으며, 특정 청중에 맞추어 준비하는 것이 중요합니다. 발표는 거의 **일방적인 커뮤니케이션**이기 때문에 사전에 청중에 맞는 표현들을 어느 정도 준비할 수 있죠. 발표 도중에는 슬라이드에 있는 정보를 잘 활용해서 메시지를 효과적으로 전달해야 합니다.

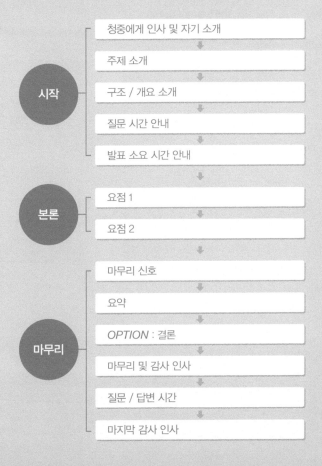

시작
- 청중에게 인사 및 자기 소개
- 주제 소개
- 구조 / 개요 소개
- 질문 시간 안내
- 발표 소요 시간 안내

본론
- 요점 1
- 요점 2

마무리
- 마무리 신호
- 요약
- *OPTION* : 결론
- 마무리 및 감사 인사
- 질문 / 답변 시간
- 마지막 감사 인사

Unit

18

시작 및 안건 요약하기

Q. 다음 말을 영어로 할 수 있나요?

- 전 호란사의 매니저 Y.S. Kim이라고 합니다.

  Y. S. Kim, a manager at Horan.

- 매출액에 대해 말씀드리려고 합니다.

  the sales figures.

- 그래서 간략하게 하겠습니다.

  be brief.

- 발표는 두 개의 부분으로 구성되었습니다.

  two sections.

- 질문은 제 발표가 끝난 후 하시면 됩니다.

  after my talk.

- 반 시간 걸리겠습니다.

  half an hour.

My name is...

전 ~라고 합니다

자기 소개는 이런 기본적인 패턴을 사용하면 됩니다. 직책, 소속 또는 회사 이름은 따로 언급하든지 이름 뒤에 붙입니다. 자기 이름 앞에 Mr.나 Ms. 같은 명칭을 사용하지는 않습니다.

유사 패턴 I'm...

전 호란사의 매니저 Y.S. Kim이라고 합니다.

My name is Y. S. Kim, a manager at Horan.

전 프로젝트 매니저 Joe Park이라고 합니다.

My name is Joe Park, the project manager.

전 Tiger Products 사 소속 Stephanie Lee라고 합니다.

My name is Stephanie Lee with Tiger Products.

전 한국 서울에서 온 Larry Cheon이라고 합니다.

My name is Larry Cheon, from Seoul, Korea.

I've met most of you earlier, but let me go ahead* and introduce myself.
전 T. S. Woo라고 합니다.
I'm a senior consultant with Lee & Baek in Incheon, Korea.

여러분 대부분을 전에 만났지만, 제 소개를 하도록 하겠습니다.
My name is T. S. Woo.
전 한국 인천에 있는 Lee & Baek 사 소속 상임 컨설턴트입니다.

> 요건 덤!
>
> *이런 상황에서 go ahead는 '앞서가다'
> 가 아니라 무엇을 '하도록 하겠다'라는 뜻
> 입니다.

전 Sun Enterprises의 CEO Joe Sun이라고 합니다.

⇒ _____

I'm going to talk about...

~에 대해 말씀드리려고 합니다

발표의 주제를 언급할 때 이 패턴 뒤에 그 주제를 붙이면 됩니다. 격식을 갖춘 어조보다는 이같은 회화체 표현이 청중과 소통하는 데 도움이 되죠. I'm going to 뒤에는 discuss, present 또는 tell 등 다른 동사를 넣어도 됩니다.

유사 패턴 I plan to say a few words about... ‖ The subject of my presentation is...

매출액에 대해 말씀드리려고 합니다. **I'm going to talk about** the sales figures.

저희 제품라인에 대해 말씀드리려고 합니다. **I'm going to talk about** our product line.

신규 프로젝트에 대해 말씀드리려고 합니다. **I'm going to talk about** the new project.

영업 전략에 대해 말씀드리려고 합니다. **I'm going to talk about** the sales strategy.

제안된 예산에 대해 말씀드리려고 합니다. **I'm going to talk about** the proposed budget.

Hello, everyone. Thank you so much for inviting me here to talk. As you know, I'm Yoon Kim with Seoul Products.
And 어떻게 우리 제품들이 귀사의 매출을 올릴 수 있는지에 대해 말씀드리려고 합니다.

안녕하세요, 여러분. 이곳에 초대해 발언할 기회를 주셔서 감사드립니다.
아시는 것처럼 전 Seoul Products사에 있는 Yoon Kim입니다.
그리고 I'm going to talk about how our products can increase your company's sales.

새 소프트웨어에 대해 말씀드리려고 합니다.

⇨ _____

170

And I will...

그래서 ~하겠습니다

어떤 청중이던지 길고 지루한 발표나 연설은 원하지 않을 겁니다. 발표에 앞서 아주 간단하게만 하겠다는 언급을 하면 시작이 순조롭지 않을까요? 물론 본인 생각에 발표가 길다고 생각하면 이 패턴을 생략해도 되죠.

유사 패턴 And I plan to...

그래서 간략하게 하겠습니다.	**And I will be brief.**
그래서 짧게 하겠습니다.	**And I will keep it short.**
그래서 요약만 말씀드리겠습니다.	**And I will just give you a summary.**
그래서 개요만 제시하겠습니다.	**And I will only be providing an outline.**

I realize there are other speakers after me.
그래서 발표를 빠르게 진행하겠습니다.
After my talk, I will be passing out a handout that contains more details.

저 다음에도 다른 발표자들이 있다는 걸 알고 있습니다.
And I will be going through my talk quickly.
발표 후에 더 많은 세부사항이 들어 있는 유인물을 돌릴 겁니다.

그래서 아주 간략하게 하겠습니다. (brief)

⇒ _____

My talk will consist of...

발표는 ~으로 구성되었습니다

프레젠테이션이 몇 부분이나 몇 항목으로 나누어져 있는지를 언급할 때 사용하는 패턴입니다. 보통 2~3부분으로 나누는 것이 적합하죠.

유사 패턴 My presentation is broken down into... ‖ I've divided my talk into...

발표는 두 개의 부분으로 구성되었습니다.	**My talk will consist of two sections.**
발표는 세 개의 주요 부분으로 구성되었습니다.	**My talk will consist of three main parts.**
발표는 세 개의 단계로 구성되었습니다.	**My talk will consist of three stages.**
발표는 네 개의 주제로 구성되었습니다.	**My talk will consist of four topics.**
발표는 세 개의 분야로 구성되었습니다.	**My talk will consist of three areas.**

I plan to say a few words about the new role-playing game, *The Warriors of Lee.*

And I'll be quite brief.

발표는 두 개의 부분으로만 구성되었습니다.

One, the development time, and two, the launch date.

신규 롤플레잉 게임 The Warriors of Lee에 대해 말씀드리려고 합니다.
그리고 매우 간략하게 하겠습니다.
My talk will consist of just two parts.
하나는 개발 기간, 둘은 출시일.

발표는 두 개의 항목으로만 구성되었습니다. (item)

⇨ _____

You can ask questions...

질문은 ~하시면 됩니다

본론으로 들어가기 전에 언제 질문이 가능한지를 청중에게 미리 언급해 두면 발표 도중 민감한 일이 일어나지 않을 겁니다. 질문 가능 시점만 패턴 뒤에 추가하면 됩니다.

유사 패턴 I will take your questions... ‖ The time for Q&A will be...

step1 패턴 집중 훈련

질문은 아무 때나 하시면 됩니다.	You can ask questions **any time**.
질문은 지금 하시면 됩니다.	You can ask questions **now**.
질문은 제 발표가 끝난 후 하시면 됩니다.	You can ask questions **after my talk**.
질문은 제 발표 도중 하시면 됩니다.	You can ask questions **during my talk**.
질문은 쉬는 시간 이후 하시면 됩니다.	You can ask questions **after the break**.

step2 리얼 회화 연습

My presentation is three hours long.*
So we'll be taking a break after each hour.

질문은 첫 휴식 시간 바로 후에 하시면 됩니다.

제 발표는 세 시간 걸립니다.
그래서 매 시간 휴식 시간을 갖겠습니다.
You can ask questions right after* the first break.

요건 덤!
* ~ long은 시간의 '길이'를 말하는 겁니다.
* right after는 무엇의 '바로 후'를 뜻하죠.

step3 도전! 실전 회화

질문은 질문이 있을 때 하시면 됩니다.

⇨ _____

I will be talking for...

~ 걸리겠습니다

직역하면 '~동안 말을 하겠다'라는 뜻으로 뒤에 시간만 붙이면 되며, 발표 시간이 얼마나 걸릴지를 분명히 알려 주죠.

유사 패턴 My presentation will take... ∥ I plan to speak for...

 **패턴 집중 훈련**

10분만 걸리겠습니다.	I will be talking for only ten minutes.
한 시간 정도 걸리겠습니다.	I will be talking for an hour or so.
반 시간 걸리겠습니다.	I will be talking for half an hour.
몇 분만 걸리겠습니다.	I will be talking for just a few minutes.
두 시간 걸리겠습니다.	I will be talking for two hours.

or so 정도

 **리얼 회화 연습**

Thank you for having me here.
You can ask questions any time during my presentation.
And 한 시간 이내로 걸리겠습니다.

여기로 불러 주셔서 고맙습니다.
질문은 제 발표 도중 아무 때나 하셔도 됩니다.
그리고 I will be talking for less than an hour.

 **도전! 실전 회화**

세 시간 걸리겠습니다.

⇒ _____

Q. 다음 말을 영어로 할 수 있나요?

- 질문으로 시작하고 싶습니다.

  _____ a question.

- 게다가 왜 그런지 아무도 모릅니다.

  _____ no one knows why.

- 주제를 벗어나자면, 결과는 놀라웠습니다.

  _____, the results were amazing.

- 아까 말씀드린 것처럼, 빨리 움직여야 합니다.

  _____, we need to act quickly.

- 이 요점을 강조하고 싶습니다.

  _____ this point.

- 그런 이유로 상황이 악화된 겁니다.

  _____ the situation got worse.

- 마찬가지로 우리도 베타테스트를 할 수 있습니다.

  _____, we can do a beta test.

- 반면에, 사기는 높습니다.

  _____, the morale is high.

I'd like to start with...

~으로 시작하고 싶습니다

이제 시작 부분을 거쳐 본론으로 들어가기 직전입니다. 청중과 본격적으로 소통이 시작되는 겁니다. 회화체 패턴으로 이제 본론을 시작하겠다는 신호를 보내는 거죠.

유사패턴 Let's start with... ‖ I want to begin with...

 패턴 집중 훈련

질문으로 시작하고 싶습니다.   **I'd like to start with a question.**

명언으로 시작하고 싶습니다.   **I'd like to start with a famous quote.**

이 사진으로 시작하고 싶습니다.   **I'd like to start with this photo.**

첫 번째 항목으로 시작하고 싶습니다.   **I'd like to start with the first item.**

 리얼 회화 연습

스토리 하나로 시작하고 싶습니다.

You all know this story well because it is a story about you.
In fact, this is the story about all of us in this room.

I'd like to start with a story.
여러분 모두 이 스토리를 잘 알고 계십니다. 여러분에 대한 스토리니까요.
실제로 이건 이 방에 있는 우리 모두에 대한 스토리입니다.

 도전! 실전 회화

짧은 동영상으로 시작하고 싶습니다.

⇨ _____

176

What if...?

~ 한다면 어떻게 될까요?

청중의 주의를 집중시키기 위한 의문문 패턴으로, 뒤에는 '주어+동사'가 붙습니다. 참고로 What if처럼 아직 일어나지 않은 일을 언급할 때는 과거형 동사가 들어가는 경우가 많으니 주의하세요.

유사패턴 What would happen if...? ‖ What would it be like if...?

이익을 두 배로 올릴 수 있다면 어떻게 될까요?	**What if** you can double your profits?
더 오래 살 수 있다면 어떻게 될까요?	**What if** we could live longer?
제가 날 수 있다고 말한다면 어떻게 될까요?	**What if** I told you that I can fly?
고객이 당신에게 이런 질문을 한다면 어떻게 될까요?	**What if** your customers asked you this question?

어느 날 갑자기 미래에 있는 자신을 발견하면 어떻게 될까요?

I know that sounds farfetched, but that's basically what our customers tell us about this device.
This little thing makes you feel like you are living in the future.

What if one day you suddenly found yourself in the future?
믿기지 않게 들린다는 건 압니다만, 이 장치에 대해 저희 고객들은 기본적으로 그렇게들 말합니다.
여러분이 미래에 살고 있다는 느낌을 이 작은 것이 줍니다.

당신 TV와 대화를 할 수 있다면 어떻게 될까요?

⇨ _____

Let's turn to...

~으로 넘어가겠습니다

다음 항목으로 넘어갈 때 이 패턴을 사용해서 항목의 주제를 언급하면 됩니다. 매번 같은 표현보다는 유사패턴을 사용하는 것도 언어에 변화를 주는 방법이겠죠.

유사 패턴 Let's move to... ‖ Next, we have... ‖ That brings me to...

다음 항목으로 넘어가겠습니다.	**Let's turn to** the next item.
문제점 자체로 넘어가겠습니다.	**Let's turn to** the problem itself.
숫자로 넘어가겠습니다.	**Let's turn to** the numbers.
2분기 수익으로 넘어가겠습니다.	**Let's turn to** our second-quarter earnings.
첫 번째 경쟁업체로 넘어가겠습니다.	**Let's turn to** our first competitor.

두 번째 디자인으로 넘어가겠습니다.

Look at that.
See how colorful the wallpaper is?
I'm happy to say* sales have been better than expected.

Let's turn to the second design.
보십시오.
벽지의 색이 얼마나 화려한지 보이시죠?
예상보다 매출이 좋았다고 말씀드릴 수 있어 기쁩니다.

> 요건 덤!
>
> * I'm happy to say는 '~하다고 말씀드릴 수 있어 기쁩니다'라는 뜻으로 좋은 소식을 전하는 표현입니다.

좋은 소식으로 넘어가겠습니다.

⇨ _____

I'd like to add that...

게다가 ~ / ~도 덧붙이고 싶습니다

추가적인 정보나 의견을 덧붙일 때 사용하는 패턴입니다. 뒤에는 '주어+동사'를 추가하면 되죠. '게다가'라는 표현으로는 아래에 소개된 유사 패턴 외에도 Plus, Also나 Moreover 같은 단어도 있습니다.

[유사 패턴] In addition,... ‖ On top of that... ‖ What's more...

 **패턴 집중 훈련**

게다가 매출도 떨어졌습니다.　　I'd like to add that sales have fallen.

게다가 왜 그런지 아무도 모릅니다.　　I'd like to add that no one knows why.

게다가 이건 작년이었습니다.　　I'd like to add that this was last year.

게다가 그것의 미래가 불확실합니다.　　I'd like to add that its future is uncertain.

게다가 장치가 작동 안 됐습니다.　　I'd like to add that the device didn't work.

리얼 회화 연습

게다가 우린 할 수 있는 건 다 했죠.

Still, the project continued to lose money.
Then we came up with* a creative solution.

I'd like to add that we did everything we could.
그럼에도 불구하고, 프로젝트는 계속 돈을 잃고 있었습니다.
그리고는 우린 창조적인 해법을 찾았습니다.

요건 덤!
* come up with는 어떤 해법이나 답변을 찾거나 내놓는다는 겁니다.

 **도전 실전 회화**

게다가 우리에겐 두 개의 선택이 있습니다. (option)

⇨ _____

On a side note,...

주제를 벗어나자면, ~

아무리 준비를 철저하게 한 발표라도 불가피하게 주제를 잠시 벗어나서 언급해야 할 것들이 생깁니다. side note는 말 그대로 책 페이지 여백에 하는 메모로, 이 패턴 뒤에는 '주어+동사'가 붙습니다.

유사 패턴 Moving off topic, let me say... ‖ Let me digress by saying...

주제를 벗어나자면, 결과는 놀라웠습니다. **On a side note,** the results were amazing.

주제를 벗어나자면, 우린 제시간에 마쳤습니다. **On a side note,** we finished on time.

주제를 벗어나자면, 그들은 일을 잘해냈습니다. **On a side note,** they did a great job.

주제를 벗어나자면, 모두 좋은 시간을 가졌습니다. **On a side note,** everyone had a good time.

주제를 벗어나자면, 다른 국가에도 그 해 눈이 아주 많이 내렸습니다.

So it wasn't just Korea.

That was really good news for us, because our sales increased.

On a side note, other countries also got a lot of snow that year.
그러니까 한국에서만은 아니었었죠.
이건 우리에게 아주 좋은 소식이었습니다. 매출이 늘어났으니까요.

주제를 벗어나자면, 우리 경쟁업체들마저 시장 점유율을 잃고 있었습니다. (market share)

⇨ _____

Let's come back to...

~으로 다시 돌아오겠습니다

다른 화제로 빠졌다가 다시 본래의 주제로 돌아올 때 이 패턴을 사용하면 됩니다. to 뒤에는 명사가 들어갑니다.

유사 패턴 Why don't we return to... ‖ Back to...

한국어	영어
슬라이드로 다시 돌아오겠습니다.	**Let's come back to** the slide.
그래프로 다시 돌아오겠습니다.	**Let's come back to** the graph.
두 번째 쟁점으로 다시 돌아오겠습니다.	**Let's come back to** the second issue.
첫 번째 요점으로 다시 돌아오겠습니다.	**Let's come back to** the first point.
전체 인력에 대해 제가 하던 말로 다시 돌아오겠습니다.	**Let's come back to** what I was saying about the work force.

해외 지점들 문제로 다시 돌아오겠습니다.

As I was saying, we are now down to* five offices.
We had to close two in the last several years.

Let's come back to the matter of overseas offices.
제가 언급하고 있었던 것처럼, 이제 지점은 다섯 개만 남아 있습니다.
지난 몇 년 동안 두 곳을 닫아야 했죠.

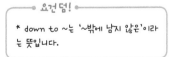

요건 덤!

* down to ~는 '~밖에 남지 않은'이라는 뜻입니다.

정부 정책에 대한 쟁점으로 다시 돌아오겠습니다. (government policy)

⇒ _____

As I said earlier,...

아까 말씀드린 것처럼 ~ / 다시 말씀드리자면 ~

이미 언급한 것을 반복해서 말하는 것이죠. 물론 전에 한 말을 완전히 똑같이 하는 것보다 살짝 다르게 하는 것이 더 좋을 겁니다. 이 패턴 뒤에는 '주어+동사'가 붙습니다.

유사 패턴 To reiterate,... ‖ Again,... ‖ Let me repeat that...

step 1 패턴 집중 훈련

아까 말씀드린 것처럼 빨리 움직여야 합니다.	As I said earlier, we need to act quickly.
아까 말씀드린 것처럼 핵심은 유럽입니다.	As I said earlier, Europe is the key.
아까 말씀드린 것처럼 올해는 다를 겁니다.	As I said earlier, this year will be different.
아까 말씀드린 것처럼 회사는 어려움에 처해 있습니다.	As I said earlier, the company is in trouble.

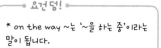
step 2 리얼 회화 연습

아까 말씀드린 것처럼 매출은 상승하고 있는 중입니다.

But this won't last forever.
One thing is quite clear here.
We will need to increase our R&D spending.

As I said earlier, sales are on the way* up.
하지만 영구적으로 지속될 수는 없습니다.
여기 한가지 확실한 것이 있습니다.
연구개발에 투자를 확대해야 합니다.

> 요건 덤!
> * on the way ~는 '~을 하는 중'이라는 말이 됩니다.

step 3 도전! 실전 회화

아까 말씀드린 것처럼 파업은 뜻밖이었습니다. (unexpected)

⇒ _____

I want to stress (that)...

~을 강조하고 싶습니다

중요한 요점을 강조할 때 사용하는 패턴으로 뒤에 명사가 따르거나 또는 '주어+동사'가 들어가는 절이 붙죠.

유사 패턴 I should emphasize... ‖ It's critical to understand...

이 요점을 강조하고 싶습니다.	**I want to stress** this point.
그 지역의 중요성을 강조하고 싶습니다.	**I want to stress** the importance of that region.
그 계약의 중대성을 강조하고 싶습니다.	**I want to stress** the significance of the contract.
조건은 무르익어 있었다는 걸 강조하고 싶습니다.	**I want to stress** that the conditions were ripe.
불법이 아니었다는 걸 강조하고 싶습니다.	**I want to stress** that it wasn't illegal.

The storm was devastating.
It caused a lot of damage to our warehouse.
Mostly it was water damage.
But 폭풍 중에 아무도 다치지 않았다는 점을 강조하고 싶습니다.

폭풍은 아주 파괴적이었습니다.
우리 창고에 많은 피해를 입혔습니다.
대부분 물 피해였죠.
그러나 I want to stress that no one was hurt during the storm.

고객의 요구사항을 충족시키는 점의 중요성을 강조하고 싶습니다. (meet)

⇨ _____

For instance,...

예를 들어, ~

무엇이든 청중에게 증명하려면 증거가 필요하기 마련인데 역시 가장 좋은 방법 중 하나는 예시겠죠. 이 패턴 뒤에는 절(주어+동사)을 붙이면 됩니다.

유사 패턴 For example,... ‖ To give you an example,...

예를 들어, ABC 사는 북미시장에 성공적으로 진출했습니다.	**For instance,** ABC Corp. has successfully entered the North American market.
예를 들어, 사람들은 지하철, 버스나 택시를 이용합니다.	**For instance,** people use the subway, the bus, or a taxi.
예를 들어, 회의를 요청할 수 있습니다.	**For instance,** we can ask for a meeting.
예를 들어, 프랑스는 아직 손길이 닿지 않은 시장입니다.	**For instance,** France is an untapped market.

Consumers change brands all the time.
And they do it for many different reasons.
예를 들어, 한 여인이 결혼을 한다고 칩시다.
On her honeymoon, she starts to use her husband's brand of toothpaste.

소비자들은 항상 브랜드를 바꿉니다.
그것도 여러 가지 이유로 말이죠.
For instance, let's say* a woman gets married.
신혼여행 중 그녀는 남편의 치약 브랜드를 사용하기 시작합니다.

요건 덤!

* let's say는 '~라고 가정하자', '~라고 치자'라는 뜻으로 비격식적인 표현입니다.

예를 들어 고객이 우리 제품에 불만족스러워 할 수 있습니다. (unhappy)

⇨ _____

That is why...

그런 이유로 ~

어떤 행동의 결과를 조명할 때 사용하는 패턴으로, 여기서도 '주어+동사'가 따릅니다. 사실 가장 기본적이고 쉬운 패턴은 So...이긴 하지만 That is why 같이 긴 구가 더 설득력 있는 표현일 겁니다.

유사 패턴 As a result... ‖ For that reason... ‖ So...

step1 패턴 집중 훈련

그런 이유로 그 고객이 꺼려한 겁니다.	**That is why** the client balked.
그런 이유로 상황이 악화된 겁니다.	**That is why** the situation got worse.
그런 이유로 우리가 오늘 온 겁니다.	**That is why** we're here today.
그런 이유로 회사가 그 상을 받은 겁니다.	**That is why** the company won the award.
그런 이유로 우린 시간을 더 요청할 수 없었던 겁니다.	**That is why** we were unable to ask for more time.

step2 리얼 회화 연습

**In less than ten years, they will catch up with* our technology.
In fact, they may even surpass us.**

그런 이유로 우린 당장 행동으로 옮겨야 됩니다.

10년도 안 되어 그들은 우리 기술을 따라잡을 것입니다.
사실상 우리를 능가할 수도 있습니다.
That is why we have to act now.

요건 덤!

* catch up with는 '따라잡다'라는 말이죠.

step3 도전 실전 회화

그런 이유로 주식시장이 붕괴된 겁니다. (crash)

⇨ _____

In the same way,...

마찬가지로 ~

어떤 개념이나 사례와 비교할 때 사용하는 구로, 직역하면 '같은 방법으로'이죠. 앞서 말한 것과의 비슷한 점을 언급하는 표현입니다. 여기에서도 역시 뒤에는 '주어+동사'가 붙습니다.

유사 패턴 Likewise... ‖ Similarly...

마찬가지로 우리도 베타테스트를 할 수 있습니다.	**In the same way, we can do a beta test.**
마찬가지로 종이 제품 매출도 떨어졌습니다.	**In the same way, sales of paper products have dropped.**
마찬가지로 한국 정부도 성명을 냈습니다.	**In the same way, the Korean government made a statement.**
마찬가지로 우리도 그들에게 해결책을 제시합시다.	**In the same way, let's offer them a solution.**

You can't perform a new song if you don't have the musical score.
And you can't explore new territory if you don't have the map.
마찬가지로 설계도가 없으면 이것을 건축할 수 없습니다.

악보가 없으면 새 음악을 연주 못합니다.
지도가 없으면 새로운 영토를 탐험하지 못합니다.
In the same way, we can't build this if we don't have a blueprint.

마찬가지로 우리도 그들의 관심을 끌어야 합니다. (grab)

⇒ _____

186

On the other hand,...

반면에 ~

비교를 할 때 사용하는 패턴으로, '주어+동사'가 따릅니다. 발표 도중 이 패턴이 생각나지 않는다면 But...을 쓰면 됩니다.

유사 패턴 In contrast... ‖ But... ‖ However...

반면에 사기는 높습니다.	**On the other hand,** the morale is high.
반면에 예전보다 더 많은 선택권이 있습니다.	**On the other hand,** there are more options than before.
반면에 하반기는 그만큼 좋지 않았습니다.	**On the other hand,** the second half of the year wasn't as good.
반면에 우린 분석가들을 설득하는 방법이 있을 수 있습니다.	**On the other hand,** we might have a way to convince the analysts.

As you know, the electronics show in Japan was a huge success. The media* just loved it.

반면에 독일 전시회는 실패였습니다.

아시다시피, 일본에서 있었던 가전 전시회는 대성공이었습니다. 매스컴이 아주 열광했죠.
On the other hand, the German show was a failure.

> 요건 덤!
>
> * 언론을 뜻하는 mass communication 의 준말 '매스컴'은 사실 영어로는 the media 또는 the press로 통합니다.

반면에 다 나쁜 것만은 아닐 수도 있습니다.

⇨ _____

There are...

~이 있습니다

항목을 세부적으로 열거하기 바로 전에 사용하는 아주 쉽고 기본적인 패턴입니다. 뒤에는 열거하려는 항목의 수와 종류를 언급하면 되죠.

유사 패턴 We have...

그걸 하기 위한 두 가지 방법이 있습니다.	There are two ways to do that.
세 가지 방법이 있습니다.	There are three methods.
네 개의 쉬운 절차가 있습니다.	There are four easy steps.
몇 가지 방법이 있습니다.	There are several ways.
염두에 둘 몇 가지 사항이 있습니다.	There are a couple of things to keep in mind.

답해야 할 두 개의 질문이 있습니다.

First, who is using the product?
Second, why are they using the product?
Answering these two questions is crucial.

There are two questions to answer.
첫째, 누가 이 제품을 사용하고 있는가?
둘째, 왜 이 제품을 사용하고 있는가?
이 두 질문에 답하는 것이 매우 중요합니다.

적어도 세 가지 아이디어들이 있습니다.

⇨ _____

188

Q. 다음 말을 영어로 할 수 있나요?

● 첫 번째 사진을 보겠습니다.

　　　　　　　　 the first photo.

● 이것은 우리의 제품 라인을 보여주고 있습니다.

　　　　　　　　 our product lineup.

● 시간이 지나면서 증가하는 것을 볼 수 있습니다.

　　　　　　　　 an increase over time.

● 두 종류를 비교해 보겠습니다.

　　　　　　　　 the two types.

● 매출은 꾸준히 감소했습니다.

　　　　　　　　 steadily decreased.

● 변화는 경영 부실 때문입니다.

　　　　　　　　 mismanagement.

Let's look at...

~을 보겠습니다

청중의 주의를 시각자료로 집중시킬 때 사용하는 아주 기본적이고도 유용한 패턴입니다. 여기에 the 또는 this나 next와 함께 발표자가 살피려는 자료 자체를 구체적으로 언급하면 됩니다.

유사 패턴 Let's go to... ‖ Please take a look at...

첫 번째 사진을 보겠습니다.	**Let's look at the first photo.**
슬라이드를 보겠습니다.	**Let's look at the slide.**
우측에 있는 표를 보겠습니다.	**Let's look at the table on the right.**
다음 그래프를 보겠습니다.	**Let's look at the next graph.**
이 원형 도표를 보겠습니다.	**Let's look at this pie chart.**

다음 슬라이드를 보겠습니다.

This is a photo taken last week.
Can you all see the difference from the first photo?

Let's look at the next slide.
이 사진은 지난주에 찍은 겁니다.
다들 첫 번째 사진과의 차이점이 보이시나요?

표를 두 개 더 보겠습니다.

⇨ _____

This shows...

이것은 ~을 보여주고 있습니다

앞에서 청중의 시선을 시각자료로 돌렸다면, 여기서는 특정 요소에 초점을 맞추는 겁니다. 이 패턴 뒤에는 명사가 따르죠.

유사 패턴 It represents... ‖ Here we see... ‖ It illustrates...

이것은 1번 고속도로 교통량을 보여주고 있습니다.	**This shows** the amount of traffic on Highway 1.
이것은 우리의 아웃도어 웨어 시장 점유율을 보여주고 있습니다.	**This shows** our market share of outdoor wear.
이것은 우리의 제품 라인을 보여주고 있습니다.	**This shows** our product lineup.
이것은 스마트폰을 소유한 십대들의 수를 보여주고 있습니다.	**This shows** the number of teenagers who own smartphones.

Take a look at this.

이것은 세 가지 다른 배터리 브랜드를 보여주고 있습니다.

The one on top is ours, and the other two are from China.

이걸 살펴보십시오.
This shows three different brands of batteries.
위에 있는 것이 우리 거고, 다른 두 개는 중국에서 왔습니다.

이것은 작년에 팔린 노트북 비율을 보여주고 있습니다. (laptop)

⇒ _____

We can see (that)...

~을 볼 수 있습니다

이제는 특정 요소에 대해 자세한 설명을 하며 의미를 부여하는 단계입니다. 주어로 You를 써도 되지만 We를 사용하면서 함께 검토한다는 뉘앙스를 줍니다. 뒤에는 명사 또는 절(주어+동사)이 붙습니다.

유사 패턴 It's apparent that (there is)... ‖ As you can see, (there is)...

 패턴 집중 훈련

시간이 지나면서 증가하는 것을 볼 수 있습니다.	**We can see** an increase over time.
여기서 차이점을 볼 수 있습니다.	**We can see** a difference here.
여름철에 확실한 변화를 볼 수 있습니다.	**We can see** a definite change during the summer months.
8월에 시청률이 정점에 다다랐다는 걸 볼 수 있습니다.	**We can see that** viewership peaked in August.
새 TV 광고가 매출에 도움이 되었다는 걸 볼 수 있습니다.	**We can see that** the new TV commercial helped sales.

 리얼 회화 연습

Let me just pause here to talk about this bar graph.
See the drop after 2010?
그 다음 해에 문제가 있었다는 걸 볼 수 있습니다.

여기서 잠깐 멈춰 이 막대그래프에 대해 말씀드리겠습니다.
2010년도 이후 하락이 보이시죠?
We can see that there was a problem in the following year.

 도전! 실전 회화

꾸준한 증가를 볼 수 있습니다. (steady)

⇨ _____

Let's compare...

~을 비교해 보겠습니다

발표를 하다 보면 요소들을 비교하는 경우가 생기기 마련입니다. 이때 간단하게 이 패턴을 사용해서 비교할 요소들을 언급하면 되죠. 두 가지 요소를 언급하면서 비교할 때는 to 또는 with를 쓰면 됩니다.

유사 패턴 Here we see a comparison of...

두 종류를 비교해 보겠습니다.	**Let's compare** the two types.
세 개의 디자인을 비교해 보겠습니다.	**Let's compare** the three designs.
스타일을 비교해 보겠습니다.	**Let's compare** the styles.
한국과 일본을 비교해 보겠습니다.	**Let's compare** Korea to Japan.
검정 버전과 흰 버전을 비교해 보겠습니다.	**Let's compare** the black version with the white one.

우리 제품과 경쟁업체의 제품을 비교해 보겠습니다.

While ours has more features, theirs is cheaper.
The big question* is which one will come out on top* in the marketplace.

Let's compare our product with a competitor's.
우리 것에 더 많은 기능이 있지만, 그들 것은 더 쌉니다.
어느 것이 시장에서 이길 것인지가 주요 의문입니다.

요건 덤!

* big question은 '가장 중요한 문제' 또는 '주요 의문'이 됩니다. come out on top은 '일등하다', '이기다'이죠.

가격을 비교해 보겠습니다.

⇒ _____

Sales have (p.p.)…

매출은 ~했습니다

매출이 올랐는지 아니면 내렸는지에 대해 언급하는 패턴이며, 뒤에는 have p.p. 시제를 씁니다. 또 매출 대신 이익을 언급하려면 Profits have (p.p.)…라고 하면 됩니다.

[유사 패턴] Revenue has...

매출은 급격하게 증가했습니다.	**Sales have** rapidly increased.
매출은 꾸준히 감소했습니다.	**Sales have** steadily decreased.
매출은 지난달에 회복되었습니다.	**Sales have** recovered last month.
매출은 거의 두 배로 늘었습니다.	**Sales have** nearly doubled.
매출은 점차 증가하고 있습니다.	**Sales have** been improving.

Now, let's look at this quarter's financial data in detail.

매출은 11월부터 하락하고 있습니다.

And profits have been going down*, too.

자, 이번 분기의 회계자료를 자세히 살펴보겠습니다.
Sales have been falling since November.
이익 역시 하락하고 있습니다.

○── 요건 덤! ──○

* '오르다'와 '내리다'를 쉽게 표현하려면 go up과 go down을 사용하면 됩니다.

매출은 겨울에 세 배로 늘었습니다. (triple)

⇨ _____

The change is due to...

변화는 ~ 때문입니다

어떤 수치나 비율의 변화에는 다 이유가 있기 마련입니다. 원인 분석을 할 때는 이 패턴 뒤에 명사를 더하면 됩니다.

유사패턴 The reason for the change is... ‖ The change stems from...

변화는 경영 부실 때문입니다.	The change is due to **mismanagement.**
변화는 많은 여러 요소들 때문입니다.	The change is due to **a lot of different things.**
변화는 최근의 경기 침체 때문입니다.	The change is due to **the recent economic downturn.**
변화는 이 차트에 나타나는 요소들 때문입니다.	The change is due to **the factors shown on this chart.**
변화는 부분적으로 금년의 유난히 건조한 날씨 때문입니다.	The change is **partly** due to **this year's unusually dry weather.**

Here we see a steady growth in profits.
변화는 부분적으로 이 제품의 높아가는 인기 때문입니다.
Another reason is better management.

여기에 이익의 꾸준한 증가가 보이죠.
The change is partly due to the product's growing popularity.
또 하나의 이유는 운영 개선입니다.

변화는 운영비 상승 때문입니다. (operating expenses)

⇒ _____

발표 마무리하기

Q. 다음 말을 영어로 할 수 있나요?

- 이걸로 제 프레젠테이션을 다 다루었습니다.

  ⬚⬚⬚⬚⬚⬚⬚⬚⬚ my presentation.

- 짧은 요약으로 마치겠습니다.

  ⬚⬚⬚⬚⬚⬚⬚⬚ with a short summary.

- 자, 질문 있으신가요?

  ⬚⬚⬚⬚⬚⬚⬚ , ⬚⬚⬚⬚⬚⬚⬚⬚⬚ questions?

- 아주 타당한 질문입니다.

  ⬚⬚⬚⬚⬚⬚⬚ very valid ⬚⬚⬚⬚⬚⬚⬚⬚ .

- 경청해 주셔서 여러분께 감사드립니다.

  ⬚⬚⬚⬚⬚⬚⬚ listening.

That covers...

이걸로 ~을 다 다루었습니다

프레젠테이션의 본론을 마무리할 때 사용하는 패턴이죠. 주제나 핵심 내용을 명사로 붙이면 더욱 좋습니다.

유사 패턴 That completes... ‖ That brings me to the end of...

이걸로 제 프레젠테이션을 다 다루었습니다.	**That covers** my presentation.
이걸로 제가 하고 싶은 말을 다 다루었습니다.	**That covers** everything I wanted to say.
이걸로 신약에 대한 발표를 다 다루었습니다.	**That covers** my talk on the new drug.
이걸로 모든 요점을 다 다루었습니다.	**That covers** all the points.

**Finally, Aqua Damyang is scheduled to open this summer.
And yes, we expect a huge turnout.**

이걸로 새 수상 공원에 대한 발표를 다 다루었습니다.

마지막으로, Aqua Damyang은 이번 여름에 개장할 예정입니다.
그리고, 맞습니다. 우린 수많은 방문객들을 예상하고 있습니다.
That covers my talk on the new water park.

> 요건 덤!
>
> * turnout은 참가자 수를 말하는 것으로 앞에 big이나 huge를 사용해 많다는 걸, small을 써서 적다는 것을 표현하죠.

이걸로 모든 항목을 다 다루었습니다. (item)

⇨ _____

Let me finish...

~ 마치겠습니다

I'd like to start with라는 패턴으로 프레젠테이션을 시작했다면, 마무리 단계에서 매듭을 짓는 뉘앙스가 들어 있는 이 패턴을 사용해서 청중들의 기억에 남을 만한 것을 언급하면 좋습니다. 'with+명사' 또는 'by+동사 -ing형'이 붙습니다.

유사 패턴 I'd like to close... ‖ I want to end...

 **패턴 집중 훈련**

이 명언으로 마치겠습니다.	**Let me finish** with this quote.
짧은 요약으로 마치겠습니다.	**Let me finish** with a short summary.
제안 하나로 마치겠습니다.	**Let me finish** with a suggestion.
주요 요점들을 반복하면서 마치겠습니다.	**Let me finish** by repeating the main points.
마지막 요점을 강조하면서 마치겠습니다.	**Let me finish** by stressing the last point.

 **리얼 회화 연습**

최근에 찍은 서울의 변화가 사진으로 마치겠습니다.

So why am I showing this?
I show this so you can all see how modern the city is.

Let me finish with a recent photo of downtown Seoul.
그럼 이걸 왜 보여 드리냐고요?
이 도시가 얼마나 현대적인지를 여러분 모두가 알 수 있도록 보여 드리는 것입니다.

 **도전! 실전 회화**

이 아이디어로 마치겠습니다.

⇨ _____

Now, do you have any...?

자, ~ 있으신가요?

발표는 끝났고, 이제는 어쩌면 가장 어려운 부분인 질문과 답변 시간입니다. 청중에게 발언권을 넘길 때 사용하는 이 패턴 뒤에는 questions나 comments 같은 명사가 붙죠.

유사 패턴 Okay, does anyone have any...? ‖ Are there any...?

step1 패턴 집중 훈련

자, 질문 있으신가요?
Now, do you have any questions?

자, 말씀하실 게 있으신가요?
Now, do you have any comments?

자, 아이디어 있으신가요?
Now, do you have any ideas?

자, 나누고 싶은 스토리 있으신가요?
Now, do you have any stories you want to share?

step2 리얼 회화 연습

A 자, 모터쇼에 대해 질문이 있으신가요?
Yes, you at the front? Your name?

B **Yeah, I'm Julianne with GT Motors.**

A **Hi, Julianne. What is your question?**

A Now, do you have any questions about the motor show?
네, 앞에 계신 분? 성함은요?
B 네, GT Motors 사의 Jullianne입니다.
A 안녕하세요, Julianne. 질문이 뭡니까?

step3 도전! 실전 회화

자, 질문이나 말씀하실 게 있으신가요?

⇒ _____

That's a... question.

~한 질문입니다.

질문을 받는 즉시 그 질문의 타당성을 인정해 주는 아주 유용한 패턴입니다. 관사 a나 an 다음 살짝 끊고 긍정적이고 적절한 형용사를 넣어 강조하면 효과적이죠. 답을 한 후에는 Does that answer your question?(질문에 답이 되었나요?)이라고 확인하는 것도 잊지 마세요.

유사 패턴 I think that's a... question. ‖ A... question, yes.

 **패턴 집중 훈련**

정말 좋은 질문입니다.   That's a **great** question.

훌륭한 질문입니다.   That's an **excellent** question.

아주 타당한 질문입니다.   That's a **very valid** question.

흥미로운 질문입니다.   That's an **interesting** question.

 **리얼 회화 연습**

A   Tina? You had a question?

B   Yeah. I was curious about how much each model costs.

A   아주 좋은 질문입니다. And I'm glad you asked that.

A   Tina? 질문이 있었나요?

B   네. 각 모델이 돈이 얼마나 드는지 궁금했습니다.

A   That's a really good question. 그리고 그 질문을 해 줘서 반갑습니다.

 **도전! 실전 회화**

예상치 못한 질문입니다.

⇒ _____

Thank you everyone for...

~해 주셔서 여러분께 감사드립니다

프레젠테이션을 마치거나 질문이 모두 끝난 후 마무리할 때 사용하는 패턴입니다. 고마움 표시와 더불어 You've been a great audience.(아주 훌륭한 청중이셨습니다.)라고 말하면 더욱 좋겠죠.

유사 패턴 I'd like to thank you all for... ‖ I appreciate your...

 **step1 패턴 집중 훈련**

경청해 주셔서 여러분께 감사드립니다.	**Thank you everyone for** listening.
참석해 주셔서 여러분께 감사드립니다.	**Thank you everyone for** attending.
와 주셔서 여러분께 감사드립니다.	**Thank you everyone for** coming.
집중해 주셔서 여러분께 감사드립니다.	**Thank you everyone for** your attention.
제게 말할 기회를 주셔서 여러분께 감사드립니다.	**Thank you everyone for** giving me the chance to speak.

 **step2 리얼 회화 연습**

오늘 오후 와 주셔서 여러분께 감사드립니다.

You've been a great audience.
I hope you've enjoyed the time as much as I have*.

Thank you everyone for coming this afternoon.
아주 훌륭한 청중이셨습니다.
저만큼 이 시간을 즐기셨기를 바랍니다.

요건 덤!
* as much as I have는 '저만큼이나'라는 뜻입니다.

step3 도전! 실전 회화

이런 영광을 주셔서 여러분께 감사드립니다. (honor)

⇒ _____

PART 6

+

Negotiations
협상

협상도 일종의 회의입니다. 따라서 **구조는 회의와 거의 동일**하다고 보면 됩니다. 비즈니스 상에서는 현재 또는 미래의 갑과 을이 가격, 일정 및 여러 조건에 관한 합의를 보는 경우가 많다 보니 협상 중에 사용하는 **표현은 대부분 완곡**할 수 밖에 없습니다. 이의를 제기하거나 반대할 때는 쿠션 역할을 하는 패턴들을 활용하는 것이 중요하죠.

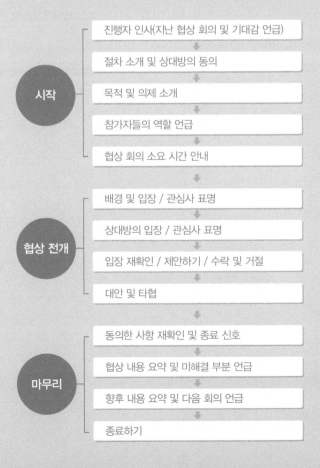

시작
- 진행자 인사(지난 협상 회의 및 기대감 언급)
- 절차 소개 및 상대방의 동의
- 목적 및 의제 소개
- 참가자들의 역할 언급
- 협상 회의 소요 시간 안내

협상 전개
- 배경 및 입장 / 관심사 표명
- 상대방의 입장 / 관심사 표명
- 입장 재확인 / 제안하기 / 수락 및 거절
- 대안 및 타협

마무리
- 동의한 사항 재확인 및 종료 신호
- 협상 내용 요약 및 미해결 부분 언급
- 향후 내용 요약 및 다음 회의 언급
- 종료하기

22

협상 시작 및 목적 언급하기

Q. 다음 말을 영어로 할 수 있나요?

● 두 번째 회의 참석을 환영합니다.

     our second meeting.

● 지난 회의에서 우린 귀사의 제안을 논의했습니다.

     ,   discussed your proposal.

● 오늘 합의에 이르기를 기대합니다.

     reach an agreement.

● 저희 프레젠테이션은 다들 보셨습니다.

     our presentation.

Welcome (to)...

~을 환영합니다

중요한 협상 회의의 경우는 주최 측의 진행자가 우선 상대방의 대표들을 환영하는 것으로 정식 회의 시작 신호를 보내는 것이 좋겠죠. to 다음에는 흔히 회의(meeting)나 논의(discussions)라는 단어가 붙지만 장소를 언급할 수도 있습니다.

유사 패턴 I'd like to welcome (you)... ‖ It's a pleasure to have (you) at...

 **step1 패턴 집중 훈련**

여러분을 환영합니다.	**Welcome**, everyone.
두 번째 회의 참석을 환영합니다.	**Welcome to** our second meeting.
저희 본사 방문을 환영합니다.	**Welcome to** our headquarters.
여러분의 회의 참석을 환영합니다.	**Welcome** everyone **to** the meeting.
진행 중인 논의에 다시 오신 것을 환영합니다.	**Welcome** back **to** our ongoing discussions.

 **step2 리얼 회화 연습**

I think we're all ready to start.

논의의 초기에 모두 참석해 주신 것을 환영합니다.

I would like to thank Mr. Lu's team from Outdoor Life Singapore for flying all the way to Korea.

모두 시작할 준비가 되어 있는 것 같군요.
Welcome everyone to the initial* discussions.
Outdoor Life Singapore 사 Mr. Lu의 팀이 비행기로 멀리 한국까지 와 주셔서 감사드리고 싶습니다.

> 요건 덤!
> * initial는 '초기의'라는 뜻으로 initial discussions는 '초기 단계의 논의'를 말하는 겁니다.

 **step3 도전! 실전 회화**

협상 회의 참석을 환영합니다.

⇒ _____

On our last meeting, we...

지난 회의에서 우린 ~

연속되는 협상 회의라면 오늘 벌어지는 협상과의 연결고리가 되는 지난번 회의에 대한 결과를 언급하는 것이 좋겠죠. 이 패턴은 뒤에 동사구를 붙여 완성합니다.

유사 패턴 Last time, we... ‖ Previously, we...

지난 회의에서 우린 귀사의 아이디어를 들었습니다.   **On our last meeting, we heard your ideas.**

지난 회의에서 우린 귀사의 제안을 논의했습니다.   **On our last meeting, we discussed your proposal.**

지난 회의에서 우린 스케줄을 논의했습니다.   **On our last meeting, we talked about the schedule.**

지난 회의에서 우린 많은 중요한 쟁점에 합의했습니다.   **On our last meeting, we agreed on many important issues.**

Welcome back, everyone.
지난 회의에서 우린 지불조건을 마무리지었습니다.
Today, we should focus on other issues, such as the number of staff and the development period.

다시 오신 여러분을 환영합니다.
On our last meeting, we finalized the payment terms.
오늘은 직원 수와 개발 기간 같은 다른 쟁점에 초점을 맞추는 것이 좋겠습니다.

지난 회의에서 우린 합작 투자 가능성에 대한 논의를 시작했습니다. (potential)

⇒ _____

Today, we hope to...

오늘 ~하기를 기대합니다

협상 목적을 언급할 때는 만나는 이유를 언급하는 동시에 결과에 대한 기대감을 표현하면 좋습니다. we가 들어가는 이 패턴 뒤에 두 쪽 모두 공감할 수 있는 동사를 넣죠.

유사 패턴 We're looking to... ∥ The main objective today is to...

오늘 합의에 이르기를 기대합니다.	**Today, we hope to** reach an agreement.
오늘 모든 계약조건을 논의하기를 기대합니다.	**Today, we hope to** discuss all the terms.
오늘 세부사항 대부분을 해결하기를 기대합니다.	**Today, we hope to** work out most of the details.
오늘 동업 가능성에 대해 논의하기를 기대합니다.	**Today, we hope to** talk about the possibility of a partnership.

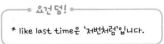

오늘 계약 가격에 합의하기를 기대합니다.

And like last time*, I'm sure we will have a very productive discussion. Okay, let's look at the agenda.

Today, we hope to agree on the contract price.
그리고 지난번과 마찬가지로, 아주 생산적인 논의가 있을 거라고 확신합니다.
자, 의제를 보죠.

요건 덤!
* like last time은 '저번처럼'입니다.

오늘 양해각서의 가능성에 대해 논의하기를 기대합니다. (MOU)

⇒ _____

You've all seen...

~은 다들 보셨습니다

본격적인 협상에 들어가기 전에 이쪽에서 내놓은 자료를 언급할 때 사용하는 패턴입니다. 협상에 들어가는 배경과 문맥을 소개하는 거죠.

유사 패턴 You've all had a chance to see... ‖ I trust everyone's seen...

저희 제안서는 다들 보셨습니다.　　　**You've all seen our proposal.**

저희 프레젠테이션은 다들 보셨습니다.　　**You've all seen our presentation.**

회사 브로슈어는 다들 보셨습니다.　　**You've all seen the company brochure.**

디자인 안은 다들 보셨습니다.　　**You've all seen the ideas for the design.**

의제는 다들 보셨습니다.　　**You've all seen the agenda.**

저희 새로운 제안서는 다들 보셨습니다.

As you know, it now includes an accelerated manufacturing schedule*. It also outlines the payment terms.

You've all seen the new proposal.
아시는 것처럼, 거기엔 일정을 앞당긴 제조 일정이 포함되어 있습니다.
또한 지불조건의 개요도 나와 있고요.

> **요건 덤!**
> * accelerated schedule은 일정을 당겼다는 말입니다.

step3 도전! 실전 회화

보고서는 다들 보셨습니다.

⇨ _____

U n i t

23

입장/관심사 표명 및 확인하기

Q. 다음 말을 영어로 할 수 있나요?

● 기본적으로 계약을 받아내고 싶습니다.

  _____ , _____ get a contract.

● 그건 우선 사항이 아닙니다.

  That _____ .

● 그게 그쪽이 보는 관점인가요?

  _____ how you see it?

● 그럼 가격이 우선 사항이네요.

  _____ the cost.

● 그럼 타협을 제안하시는 건가요?

  _____ a compromise?

● 더 자세히 말씀드리자면, 저희가 최대한 드릴 수 있는 건 45일입니다.

  _____ , the best we can offer is 45 days.

● 그게 그쪽에게 얼마나 중요한가요?

  _____ that _____ ?

● 그건 당신에 달려 있습니다.

  _____ you.

정답. Basically, we would like to / is less of a priority / Is that / Your priority, then, is / So you're offering / To be more specific / How important is, to you / That would depend on

Basically, we would like to...

기본적으로 ~하고 싶습니다

basically는 '무엇보다도', '근본적으로'라는 뜻입니다. 이 패턴으로 기본적인 입장이나 관심사를 언급하는 겁니다. 뒤에는 동사구를 쓰면 됩니다.

유사 패턴 Essentially, we are interested in -ing... ‖ Mainly, we are looking to...

step 1 패턴 집중 훈련

기본적으로 계약을 받아내고 싶습니다.	**Basically, we would like to** get a contract.
기본적으로 장기적인 협력관계를 맺고 싶습니다.	**Basically, we would like to** form a long-term partnership.
기본적으로 귀사의 납품업체가 되고 싶습니다.	**Basically, we would like to** be your supplier.
기본적으로 당사 서비스를 제공하고 싶습니다.	**Basically, we would like to** offer our services.
기본적으로 우리가 함께 일할 수 있는 방법들을 논의하고 싶습니다.	**Basically, we would like to** discuss ways we can work together.

step 2 리얼 회화 연습

Cello Trade has been in business for over two decades.*
We're currently looking for the right partner in North America.

기본적으로 귀사와 함께 일을 하고 싶습니다.

Cello Trade사는 사업을 20년 넘게 해 왔습니다.
현재 우린 북미에서 맞는 파트너를 모색하고 있습니다.
Basically, we would like to work with your company.

요건 덤!

* 흔히 영어로는 10년 단위를 decade로 표현합니다.

step 3 도전! 실전 회화

기본적으로 귀사가 관심이 있는지 알고 싶습니다.

⇒ _____

It's essential for us to...

~하는 건 필수입니다

필수 사항이나 조건을 말할 때 사용하는 패턴으로 여기서도 역시 뒤에 동사구가 붙습니다. 특히 협상 상 생략할 수 없는 내용을 언급할 때 씁니다.

유사 패턴 It's extremely important that we... ‖ We should stress that we need to...

 패턴 집중 훈련

선불로 지불받는 건 필수입니다.
It's essential for us to receive payment in advance.

홍보 캠페인에 대한 모든 측면을 이해하는 건 필수입니다.
It's essential for us to understand every aspect of the PR campaign.

여러분의 솔직한 피드백을 받는 건 필수입니다.
It's essential for us to get your honest feedback.

다음 주까지 협상을 마무리하는 건 필수입니다.
It's essential for us to wrap up negotiations by next week.

step2 리얼 회화 연습

**We've all been doing business together since 2002.
And this project is our largest one yet.***

So 우리의 입장 차이를 해결하는 건 필수입니다.

우린 모두 2002년부터 함께 사업을 해 왔습니다.
거기다가 이번 프로젝트는 여태까지 것 중에서 가장 큰 규모이죠.
그러니 it's essential for us to work out our differences.

요건 덤!
* 무엇의 최상급을 뜻하는 -est yet은 '여태까지 가장 ~한'으로 번역됩니다.

 도전! 실전 회화

전문가들을 들여오는 건 필수입니다. (expert)

⇒ _____

...is less of a priority.

~은 우선 사항이 아닙니다.

비교적 중요하지 않은 사항, 쟁점이나 항목을 명시할 때 활용하는 패턴으로, 앞에 명사나 동명사가 붙습니다. 딱 잘라서 '중요하지 않다'라고 하는 is not important보다는 이 패턴처럼 비교급을 사용하는 것이 현명하겠죠.

유사 패턴 ...is not as important. ‖ ...is not a major consideration. ‖
...is a secondary issue.

그건 우선 사항이 아닙니다.	**That** is less of a priority.
시장 점유율은 우선 사항이 아닙니다.	**Market share** is less of a priority.
가격 책정은 우선 사항이 아닙니다.	**Pricing** is less of a priority.
디자인은 우선 사항이 아닙니다.	**Design** is less of a priority.
유통업체를 찾는 건 우선 사항이 아닙니다.	**Finding a distributor** is less of a priority.

기존 가게들을 개조하는 건 우선 사항이 아닙니다.

We plan to do that in phases.
What we want to focus on is creating a brand new* concept together.

Renovating the existing stores is less of a priority.
단계적으로 할 계획입니다.
우리가 주력하고 싶은 건 완전히 새로운 콘셉트를 함께 개발하는 겁니다.

> ● 요건 덤! ●
> * brand new는 그냥 새로운 것이 아니라 완전히 새로운 것을 말하는 겁니다.

색채 선택은 우선 사항이 아닙니다.

⇨ _____

Now, why don't we... your~?

이제 그쪽 ~을 …해 볼까요?

이쪽의 입장이 정리되었으면 상대방 쪽으로 발언권을 넘기게 되겠죠. 이때 사용하는 패턴으로, we 다음에는 동사, your 다음에는 명사가 붙습니다.

유사 패턴 Can we now... your~? ‖ Now, let's... your~

이제 그쪽 말씀을 들어 볼까요?
Now, why don't we hear from your side?

이제 그쪽 아이디어를 좀 들어 볼까요?
Now, why don't we hear some of your ideas?

이제 그쪽 프레젠테이션으로 가 볼까요?
Now, why don't we turn to your presentation?

이제 그쪽 제안을 들어 볼까요?
Now, why don't we listen to your proposal?

That's why we asked you to meet with us today.
Do you have any questions at this point?
All right.

이제 그쪽 도면을 한번 볼까요?

그래서 오늘 여러분과 만나자고 했던 겁니다.
현 시점에서 질문이 있으신가요?
좋습니다.
Now, why don't we take a look at your drawings*?

> 요건 덤!
> * 제조업이나 건설업에서는 '도면'을 흔히 drawings라고 합니다.

이제 그쪽 피드백을 좀 받아 볼까요?

⇒ _____

Is that...?

그게 ~인가요?

제안을 한 후, 아니면 상대방의 발언을 다시 이쪽에서 정리해서 말한 직후 확인 차 사용하는 패턴입니다. 뒤에는 명사, 형용사 등 다양한 품사가 붙습니다.

유사 패턴 That's..., am I correct?

step1 패턴 집중 훈련

그게 그쪽 입장을 반영한 제대로 된 요약인가요?	Is that a fair summary of your position?
그게 그쪽이 보는 관점인가요?	Is that how you see it?
그게 괜찮은가요?	Is that okay with you?
그게 수락할 만한가요?	Is that acceptable?
그게 그쪽에서 말씀하신 건가요?	Is that what you're saying?

step2 리얼 회화 연습

A July and August are not good months for us.

B So you're talking about summer? The whole season. 그게 맞나요?

A Actually*, not the whole summer. It's just those two months.

A 7월과 8월은 우리에게 좋지 않은 달입니다.
B 그러니까 여름을 말씀하시는 거죠? 계절 전체요. Is that correct?
A 아니, 여름 전체 말고요. 그 두 달만입니다.

> ─● 요건 덤! ●─
> *No라는 단어 대신 '실은'이라는 의미를 가진 actually를 사용해서 '아니다'라는 뜻을 밝히는 겁니다.

step3 도전! 실전 회화

그게 그쪽이 말한 뜻인가요? (mean)

⇒ _____

Your priority, then, is...

그럼 ~이 우선 사항이네요

협상에서는 뭐든지 대충 넘어가면 안 될 겁니다. 상대방이 중요하게 인식하는 부분에 대한 재확인이 꼭 필요합니다. 이때 이 패턴에 명사 또는 동명사를 넣어 재정리해 주면 좋습니다. 그러면 듣는 상대방이 맞는지 여부를 지적해 주겠죠.

유사 패턴 For you then, what's important is... ‖ Then... is your main consideration?

그럼 가격이 우선 사항이네요.
Your priority, then, is the cost.

그럼 시기가 우선 사항이네요.
Your priority, then, is the timing.

그럼 품질이 우선 사항이네요.
Your priority, then, is quality.

그럼 프로젝트를 통제할 수 있는 게 우선 사항이네요.
Your priority, then, is being able to control the project.

그럼 그 고객과의 관계를 계속 유지하는 게 우선 사항이네요.
Your priority, then, is continuing your relationship with this client.

step2 리얼 회화 연습

A **More than anything, innovation is what makes us who we are.**

B **I see.** 그럼 새 디자인을 부각시킬 수 있는지 여부가 우선 사항이네요.

A **Not just the design. We want to be able to flaunt the new functions as well.**

A 다른 무엇보다도, 혁신이 우리를 우리답게 만드는 겁니다.

B 그렇군요. **Your priority, then, is being able to showcase* the new design.**

A 디자인뿐만 아닙니다. 새로운 기능들도 과시할 수 있기를 원하는 겁니다.

요건 덤!
* 여기서 무엇을 showcase한다는 건 건 장점을 조명해서 부각시킨다는 뜻입니다.

step3 도전! 실전 회화

그럼 귀사 직원들을 만족시키는 게 우선 사항이네요. (employee)

⇨ _____

So you're offering...?

그럼 ~을 제안하시는 건가요?

상대방이 무엇을 제안할 때 확실하지 않은 부분이 있다면 여기서도 재확인이 필요하겠죠. 이 패턴 뒤에는 'to+동사' 또는 명사가 옵니다.

유사 패턴 If I understand you correctly, you're offering... ‖ So, are you offering...?

 **패턴 집중 훈련**

그럼 타협을 제안하시는 건가요?	So you're offering a compromise?
그럼 새로운 거래를 제안하시는 건가요?	So you're offering a new deal?
그럼 20%를 제안하시는 건가요?	So you're offering twenty percent?
그럼 배송비 지불하는 걸 제안하시는 건가요?	So you're offering to pay for shipping?
그럼 그 부동산을 매도하는 걸 제안하시는 건가요?	So you're offering to sell the property?

 **리얼 회화 연습**

A I have to say, we're pretty impressed with your client list. We'd like to explore the possibility of working with you.

B 그럼 계약을 제안하시는 건가요?

A Well, obviously we have to work out a few critical issues first.

A 고객 명단이 참 인상적이라고 말할 수밖에 없군요. 귀사와 함께 일을 할 수 있는 가능성을 검토하고 싶습니다.
B So you're offering a contract?
A 아, 물론 일단 중요 쟁점 몇 가지를 해결해야겠죠.

step3 도전! 실전 회화

그럼 대안을 제안하시는 건가요? (alternative)

⇨ _____

216

Could you be more specific about...?

~에 대해 더 구체적으로 설명해 주시겠어요?

상대방의 발언이 모호하다든가 돌려서 말하는 것 같을 때 이 패턴을 활용해서 더 구체적인 설명을 요청할 수 있죠. 명사 또는 육하원칙 형태의 접속사가 붙습니다.

유사 패턴 Can you give us more details about...? ‖ Would you mind elaborating on...?

날짜에 대해 더 구체적으로 설명해 주시겠어요?
Could you be more specific about the date?

관련된 과제에 대해 더 구체적으로
설명해 주시겠어요?
Could you be more specific about the tasks involved?

무슨 뜻인지에 대해 더 구체적으로
설명해 주시겠어요?
Could you be more specific about what you mean?

왜 그렇게 생각하는지에 대해 더 구체적으로
설명해 주시겠어요?
Could you be more specific about why you feel that way?

A **The Latin American market holds great potential. We think you can help us to look into the market.**

B 저희가 할 수 있는 역할에 대해 더 구체적으로 설명해 주시겠어요?

A **We'd like you to conduct a series of market research.**

A 중남미 시장은 대단한 잠재력을 지니고 있습니다. 우리가 그 시장을 조사하는 데 귀사가 도움을 줄 수 있다고 봅니다.
B Could you be more specific about our possible role?
A 일련의 시장조사를 실시하셨으면 합니다.

기대하시는 것에 대해 더 구체적으로 설명해 주시겠어요?

⇒ _____

To be more specific,...

더 자세히 말씀드리자면, ~

상대방이 이쪽에서 한 발언에 대한 더 구체적인 설명을 요청해 오면 이 패턴을 사용해 보세요. '주어+동사'가 따릅니다.

유사 패턴 Specifically,...

step1 패턴 집중 훈련

더 자세히 말씀드리자면, 조경 가격이 저희 예산을 10% 초과합니다.

To be more specific, the landscaping price is 10% over our budget.

더 자세히 말씀드리자면, 저희가 최대한 드릴 수 있는 건 45일입니다.

To be more specific, the best we can offer is 45 days.

더 자세히 말씀드리자면, 저희는 더 밝은 색채 배합을 원합니다.

To be more specific, we want a brighter color scheme.

더 자세히 말씀드리자면, 품질 보증에 부품이 포함되어야 합니다.

To be more specific, the warranty needs to include parts.

step2 리얼 회화 연습

A 더 자세히 말씀드리자면, 저흰 미 식품의약청 승인 의약품만 허용할 수 있습니다.

It's company policy.

B **Does that mean drugs approved by EMA* are also excluded?**

A **Yes, I'm afraid so.**

A To be more specific, we can only allow FDA*-approved drugs.
이건 회사 방침입니다.

B 유럽의약청이 승인한 의약품 역시 제외된다는 건가요?

A 네, 유감스럽지만 그렇습니다.

요건 덤!

* FDA는 Federal Drug Administration이며, EMA는 European Medicines Agency입니다.

step3 도전! 실전 회화

더 자세히 말씀드리자면, 더 작아야 합니다.

⇨ _____

218

Maybe I should...

~해야겠습니다

상대방으로부터 발언을 재확인해 달라는 요청이 들어오면, 그 발언을 어떤 식으로 다시 말하겠다고 해야겠죠. 이럴 때 사용하는 패턴입니다. 뒤엔 동사구가 따르죠.

유사 패턴 Let me just... ‖ I think I ought to...

 **패턴 집중 훈련**

명확하게 말씀드려야겠습니다.	**Maybe I should** clarify that.
코멘트를 추가해야겠습니다.	**Maybe I should** add a comment.
그것에 대해 더 자세히 말씀드려야겠습니다.	**Maybe I should** expand on that.
더 솔직히 말씀드려야겠습니다.	**Maybe I should** be more direct.
그것을 바꿔 말씀드려야겠습니다.	**Maybe I should** rephrase that.

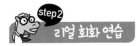 **리얼 회화 연습**

실제 예를 들어 봐야겠습니다.

Last year, there was a strike at a supplier's factory.
It lasted over a month. Everyone lost out.

Maybe I should give you a real-life* example.
작년에 한 납품업체 공장에서 파업이 있었습니다.
한 달 넘게 지속되었죠. 모두가 손해를 봤어요.

⋯ 요건 덤!
* real-life는 '실제', '현실'을 말하며 example, situation이나 event 같은 명사 앞에 들어가죠.

 **도전! 실전 회화**

예시 몇 가지를 드려야겠습니다.

⇨ _____

How important is... to you?

~이 그쪽에게 얼마나 중요한가요?

특정 항목이나 안건의 중요성을 단도직입적으로 물어볼 때 사용하는 패턴으로 is 다음에 명사가 들어갑니다. 수사 의문문식으로 사용하기에도 적절한 표현입니다.

유사 패턴 Could you tell us how important... is?

그게 그쪽에게 얼마나 중요한가요?	How important is **that** to you?
이 항목이 그쪽에게 얼마나 중요한가요?	How important is **this item** to you?
스케줄이 그쪽에게 얼마나 중요한가요?	How important is **schedule** to you?
수량이 그쪽에게 얼마나 중요한가요?	How important is **quantity** to you?
브랜딩이 그쪽에게 얼마나 중요한가요?	How important is **branding** to you?

branding 브랜드의 명을 부가하는 작업

A 연구개발이 그쪽에게 얼마나 중요한가요?

B Obviously, it's important. Why do you ask?

A Well, we have one of the best research facilities in Korea.
That means we can customize the product to your needs.

A How important is R&D to you?
B 물론 중요합니다. 왜 물어보시는 거죠?
A 아, 저흰 국내 최고 연구소 중 한곳을 보유하고 있습니다.
이건 그쪽의 필요에 맞는 제품을 제작할 수 있다는 뜻입니다.

명성이 그쪽에게 얼마나 중요한가요? (reputation)

⇒ _____

We would require...

~이 있어야 합니다

어떤 쪽이든지 회사 정책이나 정부 규제에 따라 필요조건이 있습니다. 요구 사항을 전달하는 다소 직설적인 뉘앙스인 이 패턴은 뒤에 명사구가 따라옵니다.

유사패턴 We would need... ‖ We would have to ask for...

신용장이 있어야 합니다.	**We would require a letter of credit.**
서면 계약서가 있어야 합니다.	**We would require a written contract.**
이사의 서명이 있어야 합니다.	**We would require a director's signature.**
5년짜리 품질 보증서가 있어야 합니다.	**We would require a five-year warranty.**
신용조회가 있어야 합니다.	**We would require a credit check.**

letter of credit 은행에서 발행하는 신용장. L/C라고도 함.

A 정식 제안서가 있어야 합니다. **Otherwise, we can't obtain an approval.**

B **Do you have a specific format for proposals?**

A **We do, actually. I can get you a digital file of the format right now.**

A We would require a formal proposal. 그렇지 않으면 승인을 얻을 수 없습니다.
B 제안서를 위한 특정 양식이 있나요?
A 사실, 있습니다. 지금 바로 디지털 파일 양식을 드릴 수 있습니다.

서명인 두 명이 있어야 합니다. (signatory)

⇨ _____

That would depend on...

그건 ~에 달려 있습니다 / 그건 ~에 따라 달라집니다

질문에 Yes나 No로 답변할 수 없는 상황에서 조건부를 언급하는 경우가 종종 있습니다. 이럴 때 이 패턴에 명사를 넣어 그 조건이 무엇인지를 밝히면 되죠.

유사 패턴 It depends on...

그건 당신에 달려 있습니다.	**That would depend on you.**
그건 최종 금액에 달려 있습니다.	**That would depend on the final price.**
그건 계절에 따라 달라집니다.	**That would depend on the season.**
그건 기상 상태에 따라 달라집니다.	**That would depend on the weather conditions.**
그건 책임이 누구에게 있냐에 따라 달라집니다.	**That would depend on who is responsible.**

A **When can we expect the first order?**

B 그건 오늘 회의 결과에 달려 있습니다. **If everything gets finalized, you could get an order as early as* next week.**

A **Great. Shall we continue then?**

A 첫 주문은 언제쯤으로 예상하면 될까요?

B **That would depend on the results of today's meeting.**
모든 것이 마무리될 수 있다면, 빠르면 다음 주라도 주문을 받을 수 있죠.

A 좋습니다. 그럼 계속 진행할까요?

> 요건 덤!
>
> *as early as는 '빠르면'이 되고 as late as는 '늦으면'이 됩니다.

그곳이 어딘지에 따라 달라집니다.

⇨ _____

Unit 24

제안 및 타협

Q. 다음 말을 영어로 할 수 있나요?

- 다음과 같이 제안합니다.

  _____ the following.

- 양해 각서를 체결할 의향이 있습니다.

  _____ sign an MOU.

- 유감이지만, 그건 좀 위험합니다.

  _____ risky.

- 새로운 접근방법을 고려해 보면 좋을 듯합니다.

  _____ a new approach.

- 가격을 내려주시면 수락하겠습니다.

  _____ reduce the price.

- 절충이 가능할 것도 같습니다.

  _____ meet you halfway.

- 제안이 운송비를 포함하지 않네요.

  _____ include shipping fees.

- 품질보증 기간이 큰 장애 요인입니다.

  _____ the warranty period.

We propose...

~을 제안합니다

이제 공식적으로 제안을 할 차례입니다. 물론 세부적인 서면 제안서가 있는 경우가 많겠지만 구두상으로도 중요한 부분을 발표하는 것이 좋겠죠. 이 패턴에 명사 또는 'to+동사'가 따릅니다.

유사패턴 Our proposal is... ‖ We'd like to offer...

일시불 100만 달러를 제안합니다.	**We propose** a lump sum price of $1,000,000.
다음과 같이 제안합니다.	**We propose** the following.
독점 계약을 제안합니다.	**We propose** an exclusivity agreement.
자재만 제공할 것을 제안합니다.	**We propose** to provide materials only.
12만 2천 달러로 남은 재고를 구입할 것을 제안합니다.	**We propose** to purchase the remaining inventory for $122,000.

lump sum 일시불로 지불하는 금액

A 50 대 50 지분의 합작 투자를 제안합니다.

B **50-50? Would you be open to* giving us a majority share? Maybe 51%?**

A **I can appreciate* why you would want that, Harriet. But I'm afraid it would have to be an even split.***

A We propose a 50-50 joint venture.
B 50 대 50이요? 저희 쪽에 과반수를 줄 여지가 있는지요? 혹시 51%?
A Harriet, 왜 그걸 원하는지는 이해가 갑니다. 하지만 유감스럽게도 정확히 반이어야 합니다.

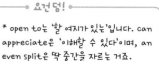

요건 덤!

* open to는 '할 여지가 있는'입니다. can appreciate은 '이해할 수 있다'이며, an even split은 딱 중간을 자르는 거죠.

새로운 회사를 설립할 것을 제안합니다. (form)

⇒ _____

MP3를 들어보세요 pattern 171

We're prepared to...

~할 의향이 있습니다

직역으로는 '준비가 되어 있다'라는 말이죠. 제안이 될 수도 있고 제안에 대한 수락이 될 수도 있는 이 패턴은 '의향'을 나타내는 것이기 때문에 상황에 따라 취소할 수도 있다는 뉘앙스가 있죠. 뒤에는 동사가 따릅니다.

유사 패턴 We can... ‖ We're able to...

step1 패턴 집중 훈련

새로운 거래를 제시할 의향이 있습니다.	**We're prepared to** offer a new deal.
양해 각서를 체결할 의향이 있습니다.	**We're prepared to** sign an MOU.
점검을 허용할 의향이 있습니다.	**We're prepared to** allow an inspection.
제안을 수락할 의향이 있습니다.	**We're prepared to** accept your proposal.
다음 단계로 넘어갈 의향이 있습니다.	**We're prepared to** move onto the next stage.

step2 리얼 회화 연습

A 상당한 할인을 해 드릴 의향이 있습니다.

B **That's good to hear. We appreciate that.**

A **But in return*, we would need for you to sign a confidentiality agreement.**

A We're prepared to offer you a sizable discount.
B 반가운 말씀이네요. 우린 환영입니다.
A 그러나 대신에 비밀 협정에 서명을 해 주시는 것이 필요합니다.

요건 덤!

* in return은 '대신에' 또는 '답례로'입니다.

step3 도전! 실전 회화

주문을 할 의향이 있습니다. (place)

⇒ _____

Unit 24 제안 및 타협 225

I'm afraid that's a little...

유감이지만, 그건 좀 ~입니다

상대방의 제의를 완곡한 어조로 거절하는 겁니다. a little이나 a bit에 형용사만 붙여서 본인의 입장을 표명하는 아주 유용한 패턴입니다.

유사 패턴 Don't you think that might be a bit...? ‖ Unfortunately, we think it's a little...

유감이지만, 그건 좀 위험합니다.	I'm afraid that's a little **risky**.
유감이지만, 그건 좀 느립니다.	I'm afraid that's a little **slow**.
유감이지만, 그건 좀 높습니다.	I'm afraid that's a little **high**.
유감이지만, 그건 좀 낮습니다.	I'm afraid that's a little **low**.
유감이지만, 그건 좀 너무합니다.	I'm afraid that's a little **too much**.

A How soon can you get your engineers to our offices?

B It depends on when we conclude our discussions.
But we probably could have them in Seattle in two weeks.

A 유감이지만, 그건 좀 늦습니다.

A 얼마나 빨리 귀사 엔지니어들을 우리 회사로 파견할 수 있나요?
B 우리 논의가 언제 끝나냐에 달려있습니다.
하지만 아마 2주 후에 시애틀에 도착시킬 수 있을 겁니다.
A I'm afraid that's a little late.

유감이지만, 그건 저희에게 좀 어렵습니다. (difficult)

⇨ _____

Perhaps we could consider...

~을 고려해 보면 좋을 듯합니다

좀처럼 협상이 풀리지 않거나 상대방의 제의가 마음에 들지 않을 때도 많습니다. 이럴 때 활용할 수 있는 완곡한 어조의 패턴으로 명사나 동명사가 뒤에 붙습니다.

유사 패턴 Would you be open to...? ‖ What would you say to...?

step 1 패턴 집중 훈련

새로운 접근 방법을 고려해 보면 좋을 듯합니다.	**Perhaps we could consider** a new approach.
대안을 몇 가지 고려해 보면 좋을 듯합니다.	**Perhaps we could consider** some alternatives.
날짜를 변경하는 걸 고려해 보면 좋을 듯합니다.	**Perhaps we could consider** moving the date.
다른 전문가와 접촉하는 걸 고려해 보면 좋을 듯합니다.	**Perhaps we could consider** contacting another expert.

step 2 리얼 회화 연습

A **Your landscaping estimate is 20% higher than our own. So what do we do?**

B 나무 수를 줄이는 걸 고려해 보면 좋을 듯합니다.

A **That would be impossible. If anything*, we need more trees.**

A 귀사 조경 견적이 저희 것보다 20% 높습니다. 그러니 어쩌죠?
B Perhaps we could consider decreasing the number of trees.
A 그건 불가능하겠습니다. 오히려 나무가 더 필요합니다.

> 요건 덤!
> * if anything은 '오히려'라는 뜻이죠.

step 3 도전! 실전 회화

이 항목을 제외하는 걸 고려해 보면 좋을 듯합니다. (exclude)

⇒ _____

pattern 174

We can accept that if you...

~을 하면 수락하겠습니다

제의를 조건적으로 수락할 때 사용하는 패턴으로, 가장 기본적인 give-and-take, 즉 쌍방 타협적인 표현이죠.

유사 패턴 That is acceptable to us if you... ‖ We can agree if you... ‖
If you..., then we can agree.

step1 패턴 집중 훈련

가격을 내려 주시면 수락하겠습니다.	We can accept that if you **reduce the price.**
3개월 내 배달을 보장하시면 수락하겠습니다.	We can accept that if you **guarantee delivery in three months.**
품질보증 기간을 연장하시면 수락하겠습니다.	We can accept that if you **extend the warranty period.**
장비를 제공하시면 수락하겠습니다.	We can accept that if you **provide the equipment.**

step2 리얼 회화 연습

A We would like to ask for a 5% discount on this particular item. How about it?

B That's a rather steep cut. All right, how about this?
배송 비용을 부담하시면 수락하겠습니다.

A Let's take a short break so my team can discuss it.

A 이 특정 물품에 5% 할인을 요청하고 싶습니다. 어떠세요?
B 그건 상당한 삭감이군요. 그럼, 이건 어떠세요? We can accept that if you pay for shipping.
A 제 팀이 논의할 수 있도록 짧은 휴식을 가집시다.

step3 도전! 실전 회화

1,000개를 구입하시면 수락하겠습니다. (unit)

⇒ _____

228

We might be able to...

~이 가능할 것도 같습니다

나중에 거절할 수 있는 상황을 대비해 좀 돌려서 말을 하는 거지만, 사실상 수락이나 마찬가지이죠. 용의 의사를 밝히는 이 패턴 뒤에는 동사구가 들어갑니다.

유사 패턴 It might be possible for us to... ‖ I think we probably can...

수락이 가능할 것도 같습니다.	We might be able to **accept that.**
가격을 내리는 것이 가능할 것도 같습니다.	We might be able to **lower the price.**
추가 할인을 제공하는 것이 가능할 것도 같습니다.	We might be able to **offer an additional discount.**
절충이 가능할 것도 같습니다.	We might be able to **meet you halfway.**

meet... halfway ~와 타협[절충]하다

A I'd hate to see us walking away because of this one item. I'll tell you what. Let's delete this item, and you pay for the consultant.

B 그걸 위한 예산 확보가 가능할 것도 같습니다.

A 이 항목 하나 때문에 이 자리를 뜨는 건 싫습니다. 이렇게 합시다.
   이 항목을 없애고, 귀사가 컨설턴트 비용을 부담하시죠.

B We might be able to secure the budget for that.

그렇게 하는 게 가능할 것도 같습니다.

⇨ _____

Your offer doesn't...

제안이 ~하지 않네요

상대방의 제안이 이쪽이 원하는 것을 충족하지 못할 때 사용하는 패턴으로 뒤에는 동사구가 따릅니다. 뒤에 세부적인 이유를 넣으면 되죠.

유사 패턴 That does not...

제안이 저희 요건에 맞지 않네요.
Your offer doesn't meet our requirements.

제안이 운송비를 포함하지 않네요.
Your offer doesn't include shipping fees.

제안이 선택할 수 있는 걸 많이
제공하지 않네요.
Your offer doesn't offer much selection.

제안이 개별적 작업을 명시하지 않네요.
Your offer doesn't specify individual tasks.

A 제안이 항목별로 구분된 가격을 보여 주지 않네요.

B **Oh, we didn't realize you wanted a more detailed breakdown.** *

A **Well, you do have separated prices for each stage.
But we would like more detail.**

A Your offer doesn't have itemized prices.
B 아, 더 세부적인 명세서를 원하시는지 몰랐습니다.
A 뭐, 각 단계별로 별도의 가격은 있긴 하네요.
　　하지만 우린 더 자세한 걸 원합니다.

───● 요건 덤! ●───
* breakdown은 원래 '고장'이란 말인데,
여기서는 명사로 '명세서' 또는 '명세표'를
뜻합니다. 흔히 가격이 들어있죠.

step3
도전! 실전 회화

제안이 스프레드 시트를 하나도 포함하고 있지 않네요. (spread sheet)

⇒ _____

The major obstacle is...

~이 큰 장애 요인입니다

장애물이 앞을 가로막고 있으면 전진하기가 어렵죠. 협상에서 그 장애 요인이 무엇인지를 밝힐 때는 이 패턴에 명사를 붙여서 간결하고 단도직입적으로 명시하면 됩니다.

유사 패턴 The main sticking point is... ‖ ...is getting in the way of an agreement.

 **패턴 집중 훈련**

가격이 큰 장애 요인입니다.	The major obstacle is **the price.**
지불 조건이 큰 장애 요인입니다.	The major obstacle is **the payment terms.**
품질보증 기간이 큰 장애 요인입니다.	The major obstacle is **the warranty period.**
제시된 완공 날짜가 큰 장애 요인입니다.	The major obstacle is **the proposed completion date.**

 **리얼 회화 연습**

A **Could you tell me what you feel might be the problem here?**

B 수량이 큰 장애 요인입니다. **The number should be smaller.**

A **Then why don't we go with* 90,000 instead of 100,000?**

A 여기서 뭐가 문제라고 생각하시는지 말씀해 주시겠습니까?
B The major obstacle is the quantity. 숫자가 더 적어야 합니다.
A 그럼 10만 대신 9만으로 하는 것이 어떨까요?

요건 덤!
* go with는 직역하면 '함께 가다'인데 여기서는 '~로 하다'라는 뜻입니다.

 **도전 실전 회화**

브랜드 인지도가 큰 장애 요인입니다. (awareness)

⇒ _____

Unit

25

연기 및 마무리하기

Q. 다음 말을 영어로 할 수 있나요?

- 이것 후에 다루면 안 될까요?

               after this?

- 그것이 귀사의 최상의 제안이라는 확신이 서지 않습니다.

               that's your best offer.

- 제시간에 배송될 테니 안심하십시오.

               it will be delivered on time.

- 우린 모든 안건에 합의했습니다.

               on all the items.

Could we deal with that...?

~ 다루면 안 될까요?

불리하거나 또는 상대방이 좀 몰아대는 느낌이 온다면 이 패턴을 사용해서 안건에 대한 연기를 요청할 수 있습니다. 흔히 시간 부사가 붙습니다. 물론 반대로 더 빨리 진행했으면 할 때도 사용 가능한 패턴입니다.

유사 패턴 It might be better to discuss that... ‖ Perhaps we could talk about that...

나중에 다루면 안 될까요?	**Could we deal with that at a later time?**
이것 후에 다루면 안 될까요?	**Could we deal with that after this?**
그 주제 순서 때 다루면 안 될까요?	**Could we deal with that when we come to that topic?**
오늘 마치기 전에 다루면 안 될까요?	**Could we deal with that before we finish today?**
오늘 오후에 다루면 안 될까요?	**Could we deal with that this afternoon?**

A Would that be by air freight or regular ocean freight?

B 그건 내일 다루면 안 될까요? We should finish talking about production first.

A Of course. Please go on.

A 그게 항공 운송인가요, 선박 운송인가요?

B Could we deal with that tomorrow? 생산에 대한 논의를 먼저 끝내는 것이 좋겠습니다.

A 물론입니다. 계속 하시죠.

점심 때 다루면 안 될까요?

⇒ _____

We're not convinced (that)...

~이라는 확신이 서지 않습니다

상대방이 제시한 것을 선뜻 받아들이기 어려울 때 사용하는 표현으로 '주어+동사'가 뒤에 들어갑니다. 참고로 이런 상황에서 We don't believe you.(당신을 못 믿어요.)와 같은 너무 직설적인 표현은 피해야 합니다.

유사패턴 We're not sure (that)...

 step1 **패턴 집중 훈련**

그것이 귀사의 최상의 제안이라는 확신이 서지 않습니다.	We're not convinced that's your best offer.
날씨가 진짜 이유라는 확신이 서지 않습니다.	We're not convinced the weather is the real reason.
귀사가 기한을 맞출 수 있다는 확신이 서지 않습니다.	We're not convinced you can meet the deadline.
귀사의 경쟁업체 것과 동일한 품질을 갖추었다는 전적인 확신이 서지 않습니다.	We're not totally convinced it has the same quality as your competitor's.

 step2 **리얼 회화 연습**

Sorry, Paul.
그것이 올바른 선택이라는 확신이 서지 않습니다.
If we accepted that, we would wind up* losing too much money.

미안해요, Paul.
We're not convinced that's the right option.
그걸 수락하면 너무 많은 손해를 보는 처지가 되죠.

┌─ 요건 덤! ─┐
* wind up은 무엇에 '처하게 되다'라는
뜻입니다. end up이라는 말도 사용할 수
있습니다.

 step3 **도전! 실전 회화**

그것에 동의해야 한다는 확신이 서지 않습니다. (agree)

⇨ _____

Please rest assured that...

~이니 안심하십시오

"우릴 믿으세요."라는 표현으로는 You can trust us.가 있지만 너무 직설적으로 들립니다. 이보다는 격식을 차린 이 패턴을 사용하는 것이 좋습니다. 뒤에는 '주어+동사'가 옵니다.

유사 패턴 Let me assure you that... ‖ You can be sure that...

제시간에 배송될 테니 안심하십시오.

Please rest assured that it will be delivered on time.

보증을 지킬 테니 안심하십시오.

Please rest assured that we will honor the warranty.

저희 CEO가 서명할 테니 안심하십시오.

Please rest assured that our CEO will sign it.

당사 공장은 그 수량을 생산할 수 있으니 안심하십시오.

Please rest assured that our factories are capable of producing that quantity.

A What if your government has problems with it?

B 정부가 이번 거래를 승인할 테니 안심하십시오. **We've already had informal discussions with key people in the ministry.**

A Hmm, that's good news.

A 만약에 당신네 정부가 그것에 대해 문제를 제기한다면 어떻합니까?
B Please rest assured that the government will approve the deal.
   그 부처에 있는 핵심 인원들과 이미 비공식적으로 논의를 했습니다.
A 흠, 좋은 소식이군요.

step3 도전! 실전 회화

우리가 할 수 있는 건 모두 하고 있으니 안심하십시오.

⇨ _____

We've agreed...

우린 ~으로 합의했습니다

협상도 회의의 한 종류로서 종료하기 전에 진행자가 모든 안건과 결과를 다시 요약해서 언급하는 경우가 많습니다. 이 중 합의사항을 정리하고 언급해서 확인하는 것이 가장 중요하겠죠. 이 패턴 뒤에는 'to+동사'나 'on+명사/동명사'가 옵니다.

유사 패턴 We came to an agreement... ‖ An agreement was made...

 **step1 패턴 집중 훈련**

우린 다음과 같이 합의했습니다.   **We've agreed** to the following.

우린 내일 계속 논의하기로 합의했습니다.   **We've agreed** to continue our discussions tomorrow.

우린 양해각서를 체결하기로 합의했습니다.   **We've agreed** to execute an MOU.

우린 계약 날짜 연장에 합의했습니다.   **We've agreed** on extending the contract date.

우린 모든 안건에 합의했습니다.   **We've agreed** on all the items.

 **step2 리얼 회화 연습**

That summarizes the main points we discussed today.
And 우린 다른 요점들의 논의를 위해 다음 주에 다시 만나기로 합의했습니다.
Did I miss anything?

이걸로 오늘 우리가 논의한 요점들을 요약했습니다.
그리고 we've agreed to meet again next week to go over the other points.
제가 빠뜨린 건 없나요?

 **step3 도전! 실전 회화**

우린 세부사항에 합의했습니다. (specifics)

⇨ _____

236

PART 7

+

Business Trips
출장

외국 출장 중에는 만나는 사람들마다 영어로만 소통해야 되니 출장 여행 중 필요한 건 말 그대로 **서바이벌 잉글리시**입니다. 이 **PART**에서는 현지 **공항, 교통, 호텔**과 **식당**에서 **예약, 요청 및 질문**을 할 때 사용할 수 있는 필수 패턴을 모아보았습니다.

Unit
26

항공편 예약하기

Q. 다음 말을 영어로 할 수 있나요?

- 싱가포르행 항공편을 예약하고 싶습니다.

  _____ Singapore.

- 표가 얼마죠?

  _____ the ticket?

- 월요일까지는 떠나야 합니다.

  _____ leave by Monday.

- 출장차 왔습니다.

  _____ on business.

I'd like to book a flight to...

~행 항공편을 예약하고 싶습니다

flight(항공편) 대신 ticket(표)을 사용해도 되지만 plane(비행기)이라는 단어를 쓰면 다소 어색합니다. 참고로 one-way 는 편도, round-trip은 왕복입니다.

유사 패턴 **I need to book a ticket to...**

 **패턴 집중 훈련**

캔자스행 항공편을 예약하고 싶습니다.	**I'd like to book a flight to Kansas.**
한국행 항공편을 예약하고 싶습니다.	**I'd like to book a flight to Korea.**
싱가포르행 항공편을 예약하고 싶습니다.	**I'd like to book a flight to Singapore.**
L.A.행 왕복 항공편을 예약하고 싶습니다.	**I'd like to book a round-trip flight to L.A.**

 **리얼 회화 연습**

A 서울행 항공편을 예약하고 싶습니다.

B **Sure. For what day?**

A **I need a flight for tomorrow. The airline doesn't matter.**

B **Okay. Would that be one-way or round-trip?**

A I'd like to book a flight to Seoul.
B 그러죠. 날짜는요?
A 내일 항공편이 필요합니다. 항공사는 상관없습니다.
B 알겠습니다. 편도인가요, 왕복인가요?

도전! 실전 회화

런던행 항공편을 예약하고 싶습니다.

⇒ _____

How much is...?

~이 얼마죠?

가장 간단하고 단도직입적으로 어떤 것의 가격을 물어볼 수 있는 패턴으로, 항공편 예약에도 아주 유용합니다. 물론 요금을 물어보는 경우에는 How much is the fare to...? 패턴 사용도 가능하죠.

유사 패턴 What's the fare for...? ‖ What's the price for...?

표가 얼마죠?	How much is **the ticket?**
일등석이 얼마죠?	How much is **first class?**
편도표가 얼마죠?	How much is **a one-way ticket?**
왕복표가 얼마죠?	How much is **a round-trip ticket?**
패키지가 얼마죠?	How much is **the package?**

A **Would that be coach?**

B 비즈니스석이 얼마죠?

A **Let's see. It's... $1,250, tax included.**

B **That's a little over my budget.** 일반석이 얼마죠?

A 일반석인가요?

B How much is business class?

A 한번 볼게요. 그게… 세금 포함, 1, 250달러가 되네요.

B 그건 제 예산을 좀 초과하네요. How much is coach?

세금이 얼마죠?

⇒ _____

240

I have to...

~해야 됩니다

여행, 특히 출장에는 일을 빨리 처리해야 하는 경우가 많으니 시간적인 압박이 따를 때가 많습니다. 불가피하게 계획을 수정해야 될 수도 있고요. I have to는 이런 여러 상황에서 사용할 수 있는 패턴입니다.

유사 패턴 I'll need to... ‖ It's important that I...

월요일까지는 떠나야 합니다.　　I have to leave by Monday.

7월 2일에 돌아와야 합니다.　　I have to return on July 2.

다음 항공편을 타야 합니다.　　I have to take the next flight.

항공편을 취소해야 합니다.　　I have to cancel my flight.

항공편을 바꿔야 합니다.　　I have to change my flight.

A What date do you want to change to?

B 다음 항공편을 타야 합니다.

A Right now, we only have first class seats available.

B I guess I don't have much choice. I'll take first class.

A 어느 날짜로 바꾸고 싶으세요?
B I have to get on the next flight.
A 현재로는 일등석만 남아 있네요.
B 선택의 여지가 별로 없는 것 같네요. 일등석으로 하겠습니다.

이 표를 환불받아야 합니다. (refund)

⇒ _____

I'm here...

~ 왔습니다

입국 관리원이 건네 받은 여권을 펼치면서 보통 물어보는 질문은 What is the purpose of your visit?(방문 목적이 무엇입니까?)이죠. 이때 사용할 수 있는 가장 간결한 답변 패턴입니다. 뒤에는 상황에 따라 on, for 또는 to가 붙습니다.

출장차 왔습니다.　　　　　　　　**I'm here** on business.

휴가로 왔습니다.　　　　　　　　**I'm here** on vacation.

회의를 위해 왔습니다.　　　　　　**I'm here** for a conference.

고객을 만나려고 왔습니다.　　　　**I'm here** to meet with a client.

납품업체를 방문하려고 왔습니다.　**I'm here** to visit a supplier.

A **What is the purpose of your visit?**

B 시카고에서 열리는 전자박람회를 위해 왔습니다.

A **How long will you be staying in the U.S.?**

B **I'm only here for three days.**

A 방문 목적이 무엇입니까?
B I'm here for an electronics fair in Chicago.
A 미국에 얼마나 머물려고 하십니까?
B 3일만 머무를 겁니다.

애틀랜타에 있는 공장을 둘러보려고 왔습니다.

⇨ _____

Q. 다음 말을 영어로 할 수 있나요?

- 이 주소까지 데려다 주시겠어요?

    this address?

- 그곳까지 가는 버스가 있나요?

    bus   ?

- 공원까지 어떻게 가는지 알려 주시겠어요?

    the park?

- 죄송한데, 길을 잃었습니다.

    lost.

- 도시까지 얼마나 걸리나요?

    the city?

- 이것이 옆 마을까지 가나요?

    the next town?

Can you take me to...?

~까지 데려다 주시겠어요?

택시기사에게 목적지를 말하는 격식을 차린 질문입니다. 목적지를 말한 다음 please만 붙여도 됩니다.

유사 패턴 I need to go to... ‖ ..., please.

step 1 패턴 집중 훈련

가장 가까운 호텔까지 데려다 주시겠어요?	Can you take me to **the nearest hotel?**
공항까지 데려다 주시겠어요?	Can you take me to **the airport?**
기차역까지 데려다 주시겠어요?	Can you take me to **the train station?**
이 주소까지 데려다 주시겠어요?	Can you take me to **this address?**

step 2 리얼 회화 연습

A 오렌지 빌딩까지 데려다 주시겠어요?

B **Do you mean the one on Fairview Avenue?**

A **I'm not sure*, but it's next to a park, I think.**

B **Ah-hah, yeah, I know where it is.**

A Can you take me to the Orange Building?
B 페어뷰 가에 있는 것 말입니까?
A 잘 모르겠지만, 공원 옆에 있는 것 같아요
B 아, 네, 어딘지 압니다.

> **요건 덤!**
>
> * 무엇을 잘 모른다고 할 때는 I don't know.(모릅니다.)보다는 I'm not sure.(잘 모르겠습니다.)가 좋습니다.

step 3 도전! 실전 회화

가장 가까운 은행까지 데려다 주시겠어요? (nearest)

⇒ _____

Is there a... that goes there?

그곳까지 가는 ~이 있나요?

처음 가는 도시에서 이동할 때는 교통수단을 잘 모르는 경우가 있죠. 중간에 대중교통 종류만 끼워 넣어 사용하면 되는 아주 편한 패턴입니다.

유사 패턴 Can I take a... there? ‖ Do you know if there's a... that would take me there?

그곳까지 가는 버스가 있나요?	**Is there a bus that goes there?**
그곳까지 가는 항공편이 있나요?	**Is there a flight that goes there?**
그곳까지 가는 지하철 노선이 있나요?	**Is there a subway line that goes there?**
그곳까지 가는 기차가 있나요?	**Is there a train that goes there?**

A **Can you help me? I'm trying to get to Berkeley.**

B **Berkeley? Wow, that's a whole different city.**

A 그곳까지 가는 전차가 있나요?

B **I don't know about a* tram, but you can certainly take the bus.**

A 도와주실 수 있나요? 버클리로 가려고 하는데요.
B 버클리요? 와, 거기는 완전히 딴 도시인데요.
A Is there a tram that goes there?
B 전차는 모르겠지만, 버스는 확실히 탈 수 있죠.

> **요건 덤!**
> * I don't know about a ~는 방금 말한 어떤 것을 모르겠다는 겁니다.

그곳까지 가는 여객선이 있나요? (ferry)

⇒ _____

Could you tell me how to get to...?

~까지 어떻게 가는지 알려 주시겠어요?

낯선 곳에서 길을 잃었을 경우에는 누군가에게 I'm lost.라는 말로 길을 잃었다고 표현한 후 이 패턴을 사용하면 됩니다. to 뒤에는 목적지를 붙이죠. 잘 못 알아들었다면 Could you repeat that?(다시 말씀해 주시겠어요?) 또는 Could you speak slower?(더 천천히 말씀해 주시겠어요?)라고 하면 되죠.

유사 패턴 Do you know the way to...? ∥ How can I get to...? ∥ Where is...?

step 1 패턴 집중 훈련

가장 가까운 복사 가게까지 어떻게 가는지 알려 주시겠어요? → **Could you tell me how to get to the nearest copy shop?**

공원까지 어떻게 가는지 알려 주시겠어요? → **Could you tell me how to get to the park?**

메이플 레인까지 어떻게 가는지 알려 주시겠어요? → **Could you tell me how to get to Maple Lane?**

지도에 나온 이곳까지 어떻게 가는지 알려 주시겠어요? → **Could you tell me how to get to this spot on the map?**

step 2 리얼 회화 연습

A 레이크쇼어 호텔까지 어떻게 가는지 알려 주시겠어요?

B Sure. Just go straight down this road. It'll be on your left.

A Is it pretty far from here?

B No, not far. It's probably, oh, two or three blocks.

A Can you tell me how to get to Lakeshore Hotel?
B 그럼요. 그냥 이 길로 쭉 가시면 됩니다. 좌측에 있습니다.
A 여기서 머나요?
B 아뇨. 멀지 않아요. 아마. 아, 두세 블록일 겁니다.

step 3 도전! 실전 회화

지하철역까지 어떻게 가는지 알려 주시겠어요?

⇒ _____

Sorry, I'm...

죄송한데, ~입니다

낯선 장소에서는 아무리 빨리 길을 나섰다 해도 약속 시간에 늦을 수가 있죠. 이럴 때 이 패턴을 사용하여 상대방에게 전화를 해서 늦는 이유를 말할 수 있습니다.

유사 패턴 I apologize, but I'm... ‖ Unfortunately, I'm...

 **step1 패턴집중훈련**

죄송한데, 길을 잃었습니다.	**Sorry, I'm lost.**
죄송한데, 좀 늦을 것 같습니다.	**Sorry, I'm running a little late.**
죄송한데, 거의 다 도착했습니다.	**Sorry, I'm almost there.**
죄송한데, 교통 정체로 꼼짝 못하고 있습니다.	**Sorry, I'm stuck in traffic.**

step2 리얼 회화 연습

A Hey, C. K., where are you? Are you coming?

B 죄송한데, 지금 가고 있어요.

A What happened? Did you get lost?

B No. I had a hard time catching a taxi.

A 이봐요, C. K., 어디 있어요? 오는 중인가요?
B Sorry, I'm on my way.
A 무슨 일이세요? 길을 잃었나요?
B 아뇨. 택시 잡는 데 애를 먹었어요.

 **step3 도전! 실전 회화**

죄송한데, 아직도 호텔에 있어요.

⇒ _____

How long will it take to get to...?

~까지 얼마나 걸리나요?

좀 길긴 합니다만 목적지까지 걸리는 시간을 물어볼 때 아주 유용한 패턴입니다. 여기서 take는 걸리는 시간을 뜻하고 get to는 어떤 특정 지점에 '도착하다'라는 의미가 있죠.

step1 패턴 집중 훈련

우리 목적지까지 얼마나 걸리나요?	**How long will it take to get to our destination?**
도시까지 얼마나 걸리나요?	**How long will it take to get to the city?**
대회까지 얼마나 걸리나요?	**How long will it take to get to the convention?**
그쪽 사무실까지 얼마나 걸리나요?	**How long will it take to get to your office?**

step2 리얼 회화 연습

A Are you all set to go?

B I just need to pack up my laptop. 공항까지 얼마나 걸리나요?

A It depends on traffic, but it'll probably take at least two hours.

B Oh, then, we'd better get going.

A 나갈 준비 다 되었나요?

B 제 노트북만 챙기면 되요. How long will it take to get to the airport?

A 교통 상황에 따라 다르겠지만, 아마 적어도 두 시간은 걸릴 겁니다.

B 아, 그럼 가 봐야겠네요.

step3 도전! 실전 회화

우리 호텔까지 얼마나 걸리나요?

⇨ _____

Does this go (to)...?

이것이 ~까지 가나요?

버스 등을 탈 때 기사 등에게 가는 곳을 물어보는 표현입니다. 이 패턴 대신 bus, subway, train 같은 특정 교통수단을 언급해서 Is this the right~ to...?라고도 말할 수 있습니다.

유사 패턴 Will this take me to...? ‖ Do you go to...?

 **패턴 집중 훈련**

이것이 시내까지 가나요? **Does this go downtown?**

이것이 옆 마을까지 가나요? **Does this go to the next town?**

이것이 도심까지 가나요? **Does this go into the city?**

이것이 해수욕장까지 쭉 가나요? **Does this go all the way to the beach?**

downtown 앞에는 to가 붙지 않습니다 　all the way 먼 거리

 **리얼 회화 연습**

A　**Are you getting on, ma'am?**

B　**Actually, I'm not sure.** 이것이 샌포드 몰까지 가나요?

A　**Yeah, it's the next stop.**

B　**Great. Yeah, I'm getting on.**

A　승차하실 겁니까?

B　실은 잘 모르겠습니다. **Does this go to Sanford Mall?**

A　네, 다음 정류장입니다.

B　잘됐네요. 네, 타겠습니다.

 **도전! 실전 회화**

이것이 뉴저지까지 가나요?

⇒ _____

Q. 다음 말을 영어로 할 수 있나요?

- 방에 무선 랜 있나요?

  _____ wi-fi?

- 투숙 기간을 연장해야 하는데요.

  _____ extend my stay.

- 2박으로 예약했습니다.

  _____ for two nights.

- 조용한 방을 주시면 좋겠습니다.

  _____ a quiet room.

Does the room have...?

방에 ~ 있나요?

출장을 가면 일이나 편의를 위해 숙박 장소에 인터넷이나 팩스 등 필요한 것들이 많이 있죠. 호텔 프런트 직원에게 방에 이런 것들이 갖춰져 있는지에 대한 질문을 할 때 활용할 수 있는 패턴입니다.

유사 패턴 Is there... in the room? ∥ Does the room come with...?

step1 패턴 집중 훈련

방에 무선랜 있나요?	**Does the room have wi-fi?**
방에 케이블 있나요?	**Does the room have cable?**
방에 팩스기 있나요?	**Does the room have a fax machine?**
방에 킹사이즈 침대 있나요?	**Does the room have a king-size bed?**

step2 리얼 회화 연습

A 방에 다리미 있나요?

B **Yes. Each room has an iron and an ironing board.**

A **What about a hair dryer?**

B **There's one in the bathroom by the sink.**

A Does the room have an iron?
B 네, 방마다 다리미와 다리미판이 있습니다.
A 헤어 드라이기는요?
B 화장실 안 싱크대 옆에 하나 있습니다.

step3 도전! 실전 회화

방에 스토브 있나요?

⇒ _____

I need to...

~해야 하는데요

사업상 호텔에 머무르다 보면 계속 필요한 물건이나 사항이 생기게 됩니다. 이럴 때 호텔 직원에게 이 패턴을 사용해서 원하는 것을 요청하면 되죠.

유사 패턴 I'd like to... ‖ I'll have to...

step 1 패턴 집중 훈련

투숙 기간을 연장해야 하는데요.	**I need to** extend my stay.
퇴실해야 하는데요.	**I need to** check out.
팩스를 보내야 하는데요.	**I need to** send a fax.
방을 바꿔야 하는데요.	**I need to** change my room.
방을 하나 더 예약해야 하는데요.	**I need to** reserve another room.

step 2 리얼 회화 연습

A Front desk. May I help you?

B Hi. 동료 직원을 위해 방을 하나 더 얻어야 하는데요.

A Would that room also be a single?

B Yes, I'd like it on the same floor if possible.

A 프론트입니다. 어떻게 도와드릴까요?

B 안녕하세요. I need to get one more room for a co-worker.

A 그 방도 1인실로 하실 건가요?

B 네, 가능한 같은 층으로 하면 좋겠습니다.

step 3 도전! 실전 회화

예약을 바꿔야 하는데요. (reservation)

⇒ _____

The reservation is...

~으로 예약했습니다

호텔 프론트에서 자신이 예약한 방에 대해 말할 때 쓰는 유용한 패턴입니다. 뒤에 under을 사용해서 예약자 이름, for를 사용해서 투숙 일정 또는 방 종류를 언급하면 됩니다.

유사 패턴 | made a reservation... ‖ I have a reservation...

Jong Im으로 예약했습니다.   **The reservation is under Jong Im.**

2박으로 예약했습니다.   **The reservation is for two nights.**

디럭스 룸으로 예약했습니다.   **The reservation is for a deluxe room.**

1인용 침대 두 개로 예약했습니다.   **The reservation is for two single beds.**

A **Do you have a reservation?**

B **Yes, I do.** Hango Industries로 예약했습니다.

A **Hango.... Yes, here we are. That's for two nights?**

B **Yeah. Tonight and tomorrow night.**

A 예약하셨나요?

B 네, 했어요. The reservation is under Hango Industries.

A Hango… 네, 여기 있네요. 2박이죠?

B 예. 오늘 저녁과 내일 저녁이요.

step3 도전! 실전 회화

SLK Consulting으로 예약했습니다.

⇒ _____

I would like....

~을 주시면 좋겠습니다

호텔 프론트에 특별히 요청하는 사항이 있을 때 유용하게 쓸 수 있는 패턴입니다. '필요'보다는 선호하는 사항을 언급하는 것이죠.

유사 패턴 I'd like to request... ‖ Could I have...?

모닝콜을 주시면 좋겠습니다.	**I would like** a wakeup call.
전망 좋은 방을 주시면 좋겠습니다.	**I would like** a room with a view.
세탁 서비스를 주시면 좋겠습니다.	**I would like** a laundry service.
조용한 방을 주시면 좋겠습니다.	**I would like** a quiet room.

참고로 morning call는 콩글리시입니다

A Do you have any other requirements?

B 금연 방을 주시면 좋겠습니다.

A Not a problem. Your room is on a nonsmoking floor.

B Great. Thanks.

A 다른 요구사항이 있으신가요?
B I would like a nonsmoking room.
A 문제없습니다. 방이 금연 층에 있습니다.
B 잘됐네요. 고맙습니다.

끝에 있는 방을 주시면 좋겠습니다.

⇒ _____

29

식당에서

Q. 다음 말을 영어로 할 수 있나요?

● 네 명이 앉을 자리를 주세요.

  [   ] for four.

● 특선 요리로 하겠습니다.

  [   ] the special.

● 밥과 같이 나오나요?

  [   ] rice?

● 다른 사람이 올 겁니다.

  [   ] someone else.

● 물을 더 주시겠어요?

  [   ] more water?

I would like a table...

~ 자리를 주세요

식당에서 원하는 자리를 요청할 때 사용하는 패턴으로, table 뒤에 전치사와 명사를 넣으면 되죠. 전화로 예약을 할 경우에는 to reserve를 삽입해 I would like to reserve a table...이라고 하면 됩니다.

유사 패턴 Could I get a table...?

다섯 명 앉을 자리를 주세요.	**I would like a table** for five.
전망 좋은 자리를 주세요.	**I would like a table** with a view.
밴드와 가까이 있는 자리를 주세요.	**I would like a table** near the band.
창가 쪽 자리를 주세요.	**I would like a table** by the window.
금연 구역에 있는 자리를 주세요.	**I would like a table** in the nonsmoking **section.** (= I would like a nonsmoking table.)

A Good evening.

B Hi. 세 명 앉을 자리를 주세요.

A Sure. Would you like smoking or nonsmoking?

B Nonsmoking, please.

A 좋은 저녁입니다.
B 안녕하세요. I would like a table for three people.
A 그러죠. 흡연석, 아니면 금연석으로 하시겠어요?
B 금연석으로 해 주세요.

문 가까이 있는 자리로 주세요. (near)

⇒ _____

I'll have...

~으로 하겠습니다

이제 주문을 할 차례인데, 이 패턴에 원하는 음식을 명사로 붙여서 말을 하면 됩니다. 좀 더 간단하게 하려면 명사에다 please만 붙여도 되죠.

유사 패턴 I'll take... ‖ I'd like... ‖ ..., please.

 **패턴 집중 훈련**

특선 요리로 하겠습니다.	**I'll have** the special.
이걸로 하겠습니다.	**I'll have** this one.
같은 걸로 하겠습니다.	**I'll have** the same.
3번으로 하겠습니다.	**I'll have** number three.
그냥 시저 샐러드만 하겠습니다.	**I'll** just **have** the Caesar salad.

the special 특선 요리

step2 리얼 회화 연습

A **And what will you be having this evening?**

B 뉴욕 스트립으로 하겠습니다.

A **Okay. How would you like your steak?**

B **Medium well*, please.**

A 그럼 오늘 저녁은 무엇으로 하시겠습니까?
B I'll have the New York strip.
A 알겠습니다. 스테이크를 어떻게 해 드릴까요?
B 미디엄 웰던으로 주세요.

요건 덤!

*well-done 완전히 익힌 / medium-well 중간으로 많이 익힌 / medium 중간으로 익힌 / medium-rare 중간에서 설 익힌 / rare 설 익힌

 **도전! 실전 회화**

그가 하는 것으로 하겠습니다.

⇒ _____

Does it come with...?

~과 같이 나오나요?

메뉴에서 메인 요리를 고르긴 했는데 함께 나오는 사이드 디쉬(side dish)나 음료에 대해 물어보고 싶은 때가 있죠? 이때는 이 패턴에 명사를 붙여서 물어보면 됩니다.

유사패턴 Do I get... with that?

밥과 같이 나오나요?	**Does it come with rice?**
감자와 같이 나오나요?	**Does it come with potatoes?**
탄산음료와 같이 나오나요?	**Does it come with a soda?**
감자튀김과 같이 나오나요?	**Does it come with French fries?**

A 샐러드와 같이 나오나요?

B **It sure does. What kind of dressing would you like?**

A **What are the choices?**

B **We have Italian, Ranch, and Thousand Island.**

A Does it come with salad?
B 그럼요. 드레싱은 무엇으로 하시겠습니까?
A 어떤 것들이 있죠?
B 이탈리안, 랜치와 사우전드 아일랜드가 있습니다.

맥주와 같이 나오나요?

⇒ _____

258

I'm expecting...

~가 올 겁니다

먼저 식당에 도착해서 자리를 잡고 기다리는 경우가 종종 있죠. 이때 일행이 있다고 언급할 때 사용하는 패턴입니다.

유사패턴 I'm waiting for... ‖ I have... coming. ‖ There will be... joining me.

 패턴 집중 훈련

다른 사람이 올 겁니다.   **I'm expecting someone else.**

두 명 더 올 겁니다.   **I'm expecting two more people.**

일행이 여러 명 올 겁니다.   **I'm expecting a big group.**

남녀 커플이 올 겁니다.   **I'm expecting a couple.**

step2 리얼 회화 연습

A **Will there be others joining you?**

B **Yes.** 친구 한 명이 올 겁니다.

A **We'll get the table ready. Would you like to wait at the bar?**

B **Sure. Where is it?**

A 다른 일행이 오실 건가요?
B 네. **I'm expecting a friend.**
A 자리를 준비하겠습니다. 바에서 기다리시겠습니까?
B 좋죠. 어디에 있죠?

 도전! 실전 회화

셋이나 넷 더 올 겁니다.

⇒ _____

Can you get me...?

~ 주시겠어요?

이미 시킨 음식 외에 원하는 것이 더 있을 때 종업원에게 요청할 때 쓸 수 있는 패턴입니다. get은 무엇을 좀 가져다 달라는 뜻이죠.

유사패턴 Would you bring me...? ‖ Could I have..., please?

물을 더 주시겠어요? | Can you get me more water?

맥주 먼저 주시겠어요? | Can you get me a beer first?

포크 하나 더 주시겠어요? | Can you get me another fork?

커피 좀 주시겠어요? | Can you get me some coffee?

와인 메뉴도 주시겠어요? | Can you also get me the wine menu?

A Do you need anything else?

B No, I think we're done. 계산서 주세요.

A Sure thing. Will this be all on one bill?

B Yes, one bill, please.

A 더 필요하신 것 있나요?

B 아뇨, 우린 다 끝난 것 같습니다. Can you get me the check*?

A 알겠습니다. 계산서 한 장으로 다 계산해 드릴까요?

B 네, 계산을 하나로 해 주세요.

요건 덤!
* check 대신 bill을 써도 됩니다. 따로 계산해 달라고 할 경우는 Separate checks, please.라고 하면 됩니다.

디저트 메뉴를 주시겠어요?

⇒ _____

복습문제편

패턴훈련편에서 공부한 내용을 제대로 이해하였
는지 실력을 확인해 보는 코너이다. 29개 Unit에
대한 문제를 수록하였다. 〈보기〉를 참고로 하여
문제를 풀어 보자.

빈칸에 들어갈 말을 〈보기〉 중에 골라 넣으세요.

┤ 보기 ├

Hello, ...speaking. 여보세요, ~입니다. | Sorry, he is… 죄송하지만, 그는 ~입니다 | Would you like to…? ~
하시겠어요? | May I have[know]…? ~을 알 수 있을까요? | Hi, this is… 안녕하세요, ~입니다 | I'm… 저는 ~입
니다 | Could I speak to…? ~와 통화 가능할까요? / ~바꿔 주시겠어요? | I'm calling to… ~하려고 전화드렸습니다 |
This is about… ~ 관련 건입니다

01   당신 자동차 관련 건입니다.
⇨ _____ your car.

02   기다리시겠어요?
⇨ _____ wait?

03   여보세요, Larry입니다.
⇨ _____ Larry _____.

04   전화번호를 알 수 있을까요?
⇨ _____ your phone number?

05   질문을 하나 하려고 전화 드렸습니다.
⇨ _____ ask you a question.

06   새 프로젝트 관련 건입니다.
⇨ _____ the new project.

07   저는 그의 누나입니다.
⇨ _____ his sister.

08   죄송하지만, 지금 자리에 안 계십니다.
⇨ _____ not in right now.

09   안녕하세요, Jane입니다.
⇨ _____ Jane.

10   Linda와 통화 가능할까요?
⇨ _____ Linda?

빈칸에 들어갈 말을 〈보기〉 중에 골라 넣으세요.

> ── 보기 ──
>
> **Could you ask him to…?** ~해 달라고 전해 주시겠어요? | **Please tell him…** ~했다고 전해 주세요 | **I'm sorry, can you…?** 죄송한데, ~하시겠어요? | **Mind if I…?** ~해도 괜찮겠습니까? | **Yes, it's…** 네, ~입니다 | **Actually, not~ It's…** 실은, …이 아니고 ~입니다 | **Sorry, I think…** 죄송한데, ~인 것 같습니다 | **I'll make sure (to)…** 잊지 않고 ~하도록 하겠습니다/~하겠습니다

01 네, 합작회사입니다.
⇒ _____ a joint venture.

02 실은 D, A, Y가 아니고 D, A, E입니다.
⇒ _____ D-A-Y. _____ D-A-E.

03 제가 다시 전화드려도 괜찮겠습니까?
⇒ _____ call you back?

04 저에게 문자 보내 달라고 전해 주시겠어요?
⇒ _____ text me?

05 죄송한데, 전화를 잘못 거신 것 같습니다.
⇒ _____ you got the wrong number.

06 제가 전화했다고 전해 주세요.
⇒ _____ I called.

07 네, 1, 2, 5입니다.
⇒ _____ 1-2-5.

08 파일을 보내 드려도 괜찮겠습니까?
⇒ _____ send you the file?

09 죄송하지만, 나중에 전화해 주시겠어요?
⇒ _____ call me later?

10 잊지 않고 그가 이메일을 확인하도록 하겠습니다.
⇒ _____ he checks his e-mail.

Unit 03&04 빈칸에 들어갈 말을 〈보기〉 중에 골라 넣으세요.

┤ 보기 ├

Do you want me to...? ~을 할까요? | **Let me just check...** ~을 지금 확인해 보겠습니다 | **How does... sound?** ~이 어떻겠습니까? | **How about we...?** 우리 ~하는 게 어떨까요? | **I'm afraid I can't...** 유감이지만 ~ 할 수 없습니다 | **What do you say we... instead?** 대신 ~해도 될까요? | **I'm... right now.** 전 지금 ~입니다. | **Listen, can I call you...?** 저기, ~전화드려도 될까요? | **I appreciate you -ing...** ~해 주셔서 고맙습니다 | **I'm glad we...** ~하게 되어서 기쁩니다. | **All right, I'll...** 그럼, ~하겠습니다

01 유감이지만 그건 할 수 없습니다.
⇒ _____ do that.

02 그에게 말을 할까요?
⇒ _____ tell him?

03 우리 회의를 취소하는 게 어떨까요?
⇒ _____ cancel the meeting?

04 다음 주가 어떻겠습니까?
⇒ _____ next week _____?

05 저기, 한 시간 후에 전화드려도 될까요?
⇒ _____ in an hour?

06 대신 점심 때 만나도 될까요?
⇒ _____ meet for lunch _____?

07 전 지금 제 자동차에 있습니다.
⇒ _____ in my car _____.

08 통화를 하게 되어서 기쁩니다.
⇒ _____ talked.

09 제 상사와 지금 확인해 보겠습니다.
⇒ _____ with my boss.

10 그것에 대해 알려 주셔서 고맙습니다.
⇒ _____ telling me about it.

빈칸에 들어갈 말을 〈보기〉 중에 골라 넣으세요.

┤ 보기 ├

I'm writing to... ~하려고 이메일 보냅니다 | **This is regarding...** ~에 관한 것입니다 | **I wanted to drop you a line...** ~ 몇 자 적어 보냅니다 | **Thank you for...** ~에 감사 드립니다 / ~해 주셔서 감사합니다 | **As you requested...** 요청하신 대로, ~ | **To answer your question,...** 답변을 드리자면, ~ | **We are happy to...** ~ 하게 되어 기쁩니다 | **We regret to inform you that...** ~라고 알려 드리게 되어 유감입니다 | **Congratulations on...** ~을 축하합니다 | **My name is..., with~** 전 ~ 사의 …라고 합니다

---

01 제가 서울에 있다는 걸 알려 드리려고 이메일 보냅니다.

⇒ _____ let you know I'm in Seoul.

02 내일 회의에 대해 몇 자 적어 보냅니다.

⇒ _____ about tomorrow's meeting.

03 CEO가 그 안을 거부했다고 알려 드리게 되어 유감입니다.

⇒ _____ the CEO rejected the plan.

04 당신의 메모에 관한 것입니다.

⇒ _____ your memo.

05 당신의 조언에 감사드립니다.

⇒ _____ your advice.

06 제시간에 보고서를 완성한 걸 축하합니다.

⇒ _____ completing the report on time.

07 귀사의 제안서가 승인되었음을 알려 드리게 되어 기쁩니다.

⇒ _____ inform you that your proposal has been accepted.

08 요청하신 대로 그 사진들입니다.

⇒ _____ here are the photos.

09 답변을 드리자면, 당신 의견에 동의합니다.

⇒ _____ I agree with you.

10 전 Precise Supplies 사의 Charles Yoon이라고 합니다.

⇒ _____ Charles Yoon, _____ Precise Supplies.

Unit
06&07   빈칸에 들어갈 말을 〈보기〉 중에 골라 넣으세요.

┤ 보기 ├

In my last e-mail, I forgot to... 지난번 이메일에 ～을 깜빡했네요 | **This is for your...** 이건 당신의 ～용입니다 | **I'm attaching...** ～을 첨부합니다 | **Here is...** ～입니다 | **I'm forwarding you...** ～을 전달합니다 | **Could you...?** ～할 수 있나요? | **We are pleased to invite you to...** ～에 당신을 초대하게 되어 기쁩니다 | **I'd be pleased to attend...** ～에 기꺼이 참석하겠습니다 | **Unfortunately, I won't be able to attend due to...** 아쉽게도, ～으로 인해 참석을 못하게 되었습니다 | **I would like to receive your reply by...** ～까지 답변을 받았으면 합니다

01   지난주의 데이터입니다.
   ⇨ _____ the data from last week.

02   지난번 이메일에 스케줄을 첨부하는 걸 깜빡했네요.
   ⇨ _____ attach the schedule.

03   팀에게 알려 줄 수 있나요?
   ⇨ _____ tell the team?

04   파일을 첨부합니다.
   ⇨ _____ the file.

05   그 이메일을 전달합니다.
   ⇨ _____ that e-mail.

06   당사 크리스마스 파티에 당신을 초대하게 되어 기쁩니다.
   ⇨ _____ our Christmas party.

07   내일 저녁까지 답변을 받았으면 합니다.
   ⇨ _____ tomorrow evening.

08   이건 당신의 승인을 위한 것입니다.
   ⇨ _____ approval.

09   행사에 기꺼이 참석하겠습니다.
   ⇨ _____ the event.

10   아쉽게도, 가족 여행으로 인해 참석을 못하게 되었습니다.
   ⇨ _____ a family trip.

Unit 08 빈칸에 들어갈 말을 〈보기〉 중에 골라 넣으세요.

보기

We were given your name by... ~으로부터 당신 성함을 받았습니다 | I enjoyed talking to you at... ~에서 나눈 얘기 즐거웠습니다 | We are a leading... in Korea. 당사는 국내 선두 ~입니다. | We specialize in... ~을 전문으로 하고 있습니다 | We can assist you in -ing... ~하는 걸 도와 드릴 수 있습니다 | I'd like to send you... ~을 보내 드리고 싶습니다 | I'm confident we can meet your... needs. 귀사의 ~ 요건을 충족시킬 수 있다고 확신합니다. | We are excited to announce the launch of... ~의 출시를 알리게 되어 기쁩니다 | It allows you to... (이 제품은) ~할 수 있게 해 줍니다 | It has... (이 제품은) ~을 지니고 있습니다 | We would like to explore a possible... ~ 가능성을 검토하고 싶습니다 | Our combined expertise would... 우리의 결합된 전문성은 ~할 것입니다

---

01 당사는 국내 선두 출판사입니다.

⇒ _____ publisher _____.

02 새 게임의 출시를 알리게 되어 기쁩니다.

⇒ _____ our new game.

03 한 번에 두 비디오를 볼 수 있게 해 줍니다.

⇒ _____ watch two videos at once.

04 맞춤형 컨설팅 서비스를 전문으로 하고 있습니다.

⇒ _____ customized consulting services.

05 Sandra Lee로부터 당신 성함을 받았습니다.

⇒ _____ Sandra Lee.

06 한국에서 실효성 있는 마케팅 계획을 만드는 걸 도와드릴 수 있습니다.

⇒ _____ creating a viable marketing plan in Korea.

07 우리의 결합된 전문성은 엄청날 것입니다.

⇒ _____ be formidable.

08 계약 가능성을 검토하고 싶습니다.

⇒ _____ contract.

09 책 샘플 몇 권을 보내 드리고 싶습니다.

⇒ _____ a few samples of our books.

10 귀사의 고용 요건을 충족시킬 수 있다고 확신합니다.

⇒ _____ hiring _____.

빈칸에 들어갈 말을 〈보기〉 중에 골라 넣으세요.

보기

I haven't received... ~을 받지 못했습니다 | The product is... 제품이 ~입니다 | There is an error on... ~에 오류가 있습니다 | I was disappointed... ~ 실망했습니다 | Please send us... ~을 보내 주십시오 | We appreciate your taking the time to... ~하는 데 시간을 내 주셔서 고맙습니다 | We are sorry to hear... ~듣게 되어 유감입니다 | As you've pointed out,... 지적하신 대로 ~ | Please accept our apologies for... ~에 대해 사과드립니다 | Due to an oversight,... 실수로 인해 ~ | We will... ~하겠습니다 | Unfortunately, we are unable to... 유감이지만, ~할 수가 없습니다 | I look forward to... ~을 기대합니다 | If you have any..., please let me know. ~이 있으면 연락 주세요.

01 어제 오후 당사로 전화해 주시는 데 시간을 내주셔서 고맙습니다.
⇨ _____ call us yesterday afternoon.

02 가능한 빨리 교체 제품을 보내 주십시오.
⇨ _____ the replacement ASAP.

03 질문이나 의견이 있으면 연락 주세요.
⇨ _____ questions or comments, _____.

04 청구서에 오류가 있습니다.
⇨ _____ the bill.

05 아직 제품을 받지 못했습니다.
⇨ _____ the product yet.

06 지적하신 대로 그렇게 오래 기다리지 않으셨어야 했습니다.
⇨ _____ you shouldn't have had to wait so long.

07 실수에 대해 사과드립니다.
⇨ _____ the oversight.

08 답변을 기대합니다.
⇨ _____ your answer.

09 제품이 마음에 들지 않는다는 걸 듣게 되어 유감입니다.
⇨ _____ that you are unhappy with the product.

10 유감이지만, 그 모델을 보내 드릴 수 없습니다.
⇨ _____ send you that model.

빈칸에 들어갈 말을 〈보기〉 중에 골라 넣으세요.

보기

It's a pleasure to... ~하게 되어서 기쁩니다 | **How are things...?** ~은 어때요? / ~은 잘 돼 가요? | **The last time we... was~** (우리가) 지난번 …했던 게 ~이었죠 | **Let me introduce you to...** ~를 소개해 드리겠습니다 | **If you need..., let me know.** ~이 필요하면 말씀하세요. | **Would you like...?** ~ 드릴까요? | **I appreciate the offer, but...** (제의는) 고맙지만 ~ | **Thanks so much for...** ~에 감사드립니다 / ~해 주셔서 감사합니다

---

01 커피가 더 필요하면 말씀하세요.

⇒ _____ more coffee, _____ .

02 저희 CFO를 소개해 드리겠습니다.

⇒ _____ our CFO.

03 여러분 모두를 만나게 되어서 기쁩니다.

⇒ _____ meet you all.

04 지난번 만났던 게 5년 전이었죠.

⇒ _____ met _____ five years ago.

05 다른 의자 드릴까요?

⇒ _____ a different chair?

06 요새 유럽은 어때요?

⇒ _____ in Europe these days?

07 고맙지만, 호텔로 돌아가야 합니다.

⇒ _____ I have to get back to the hotel.

08 도움이 필요하면 말씀하세요.

⇒ _____ assistance, _____ .

09 저녁 식사에 감사드립니다.

⇒ _____ dinner.

10 드디어 하와이로 오게 되어서 기쁩니다.

⇒ _____ be in Hawaii finally.

┤ 보기 ├

Is this your first…? ~이 이번이 처음인가요? | **How do you like…?** ~은 어때요? | **How was your…?** ~
은 어떠셨나요? | **It's… out today.** 오늘 밖에 날씨가 ~네요. | **It's supposed to… later.** 나중에 ~답니다. |
…is known for its… ~는 …으로 유명합니다 | **Have you tried…?** ~해 보셨어요? | **We've got some
great… here.** 여긴 좋은 ~이 많습니다. | **What do you do…?** ~ 뭐 하세요? | **Do you… often?** ~을 자주 하
시나요? | **I'm a huge fan of…** ~의 광팬입니다 | **Is there a… nearby?** ~이 근처에 있나요?

01   전에 소주 마셔 보셨어요?

⇨ _____ soju before?

02   쉬는 날엔 뭐하세요?

⇨ _____ on your days off?

03   아시아 여행이 이번이 처음인가요?

⇨ _____ trip to Asia?

04   산책을 자주 하시나요?

⇨ _____ go walking _____?

05   아침 식사는 어떠셨나요?

⇨ _____ breakfast?

06   여긴 좋은 쇼핑센터가 많습니다.

⇨ _____ shopping centers _____.

07   영덕은 대게로 유명합니다.

⇨ Yeongduk _____ snow crabs.

08   컨트리 음악의 광팬입니다.

⇨ _____ country music.

09   오늘 밖에 날씨가 무척 춥네요.

⇨ _____ really cold _____.

10   제과점이 근처에 있나요?

⇨ _____ bakery _____?

보기

Thank you all for coming... 모두 ~ 참석해 주셔서 고맙습니다 | ...is joining us today. ~도 오늘 참석했습니다. |
...couldn't make the meeting. ~은 회의에 불참합니다. | We're here today to... ~하려고 오늘 모였습니다 |
We have~ items to... ···할 안건이 ~개 있습니다 | The meeting should finish... ~까지 회의를 마칠 예정입니다 |
Let's start with... ~으로 시작합시다

---

01 Hana Kim은 회의에 불참합니다.
⇒ Hana Kim _____.

02 John의 프레젠테이션으로 시작합시다.
⇒ _____ John's presentation.

03 모두 오늘 오전 참석해 주셔서 고맙습니다.
⇒ _____ this morning.

04 당사 변호사들도 오늘 참석했습니다.
⇒ Our attorneys _____.

05 논의할 안건이 두 개 있습니다.
⇒ _____ two _____ discuss.

06 아주 중요한 결정을 하려고 오늘 모였습니다.
⇒ _____ make an important decision.

07 미결 사항으로 시작합시다.
⇒ _____ unfinished business.

08 2시간 안에 회의를 마칠 예정입니다.
⇒ _____ in two hours.

09 모두 이 브레인스토밍 회의에 참석해 주셔서 고맙습니다.
⇒ _____ this brainstorming meeting.

10 컨설턴트의 수수료를 논의하려고 오늘 모였습니다.
⇒ _____ to discuss the consultant's fees.

빈칸에 들어갈 말을 〈보기〉 중에 골라 넣으세요.

┤ 보기 ┠

What's your view on…? ~에 대한 당신의 의견은요? | **As I see it,…** 제가 보기엔 ~ | **I think that's…** 제 생각엔 그건 ~입니다 | **I agree with…** ~(의견)에 동의합니다 | **I'm not sure I agree with…** ~(의견)에 동의하기 어렵습니다 | **That's a good point, but…** 일리는 있지만 ~ | **Sorry, can I…?** 미안한데, ~해도 될까요? | **Could you…?** ~해 주시겠어요? | **Are you saying (that)…?** ~이라는 말입니까? | **What I mean is…** 제 뜻은 ~이라는 겁니다 | **How about -ing…?** ~하면 어떨까요? | **We have to…** ~해야 합니다

01 이번 아이디어에 대한 당신의 의견은요?

⇒ _____ this idea?

※ 09의 두 번째 빈칸에는
주어진 동사의 형태를 바꿔 넣으세요.

02 제가 보기엔 그건 상황만 악화시킬 겁니다.

⇒ _____ that will only make things worse.

03 제 생각엔 그건 훌륭한 개념입니다.

⇒ _____ a great concept.

04 당신 의견에 100% 동의합니다.

⇒ _____ you one hundred percent.

05 일리는 있지만 예산을 고심하고 있지 않습니다.

⇒ _____ you're not addressing the budget.

06 미안한데, 이 전화 받아도 될까요?

⇒ _____ take this phone call?

07 그냥 기다리자는 말입니까?

⇒ _____ that we just wait?

08 제 뜻은 그건 이미 시도해 봤다는 겁니다.

⇒ _____ we tried that already.

09 날짜를 옮기면 어떨까요?

⇒ _____ (move) _____ the date?

10 뭐라도 해야 합니다.

⇒ _____ do something.

빈칸에 들어갈 말을 〈보기〉 중에 골라 넣으세요.

─┤ 보기 ├─

Does anyone…? ~하는 사람 있나요? | **Let's hear from…** ~에게 들어 봅시다 | **Maybe we should…** ~하는 게 좋을 듯합니다 | **Now, let's move onto…** 자, ~으로 넘어갑시다 | **We'll… next time.** ~은 다음 번에 하겠습니다 | **Before we finish, is there any…?** 끝내기 전에 ~ 있나요? | **Why don't I summarize…?** ~을 요약해 보겠습니다. | **We've decided…** ~ 결정했습니다 | **Our next meeting is…** 다음 회의는 ~있습니다

01 자, 두 번째 안건으로 넘어갑시다.
⇒ _____ the second item.

02 끝내기 전에 논평 있나요?
⇒ _____ comments?

03 아이디어 또 하나 추가하고 싶은 사람 있나요?
⇒ _____ want to add another idea?

04 나중에 논의하는 게 좋을 듯합니다.
⇒ _____ discuss it later.

05 Steven에게 들어 봅시다.
⇒ _____ Steven.

06 그것에 대한 얘기는 다음 번에 하겠습니다.
⇒ _____ talk about that _____.

07 모든 요점을 요약해 보겠습니다.
⇒ _____ all the points?

08 반대하는 사람 있나요?
⇒ _____ disagree?

09 다음 회의는 금요일에 있습니다.
⇒ _____ on Friday.

10 회의를 한번 더 하기로 결정했습니다.
⇒ _____ to have another meeting.

빈칸에 들어갈 말을 〈보기〉 중에 골라 넣으세요.

┤ 보기 ├

My name is... 전 ~이라고 합니다 | **I'm going to talk about...** ~에 대해 말씀드리려고 합니다 | **And I will...**
그래서 ~하겠습니다 | **My talk will consist of...** 발표는 ~으로 구성되었습니다 | **You can ask questions...**
질문은 ~하시면 됩니다 | **I will be talking for...** ~ 걸리겠습니다

01 발표는 두 개의 주요 부분으로 구성되었습니다.

⇨ _____ two main parts.

02 그래서 몇 분만 하겠습니다.

⇨ _____ take only a few minutes.

03 Lee Yong Fabrics사 소속 Tom Cheon이라고 합니다.

⇨ _____ Tom Cheon with Lee Yong Fabrics.

04 회사의 비전에 대해 말씀드리려고 합니다.

⇨ _____ the company's vision.

05 30분 걸리겠습니다.

⇨ _____ thirty minutes.

06 발표는 오직 한 주제로 구성되었습니다.

⇨ _____ just one topic.

07 질문은 쉬는 시간 전에 하시면 됩니다.

⇨ _____ before the break.

08 2분기 성과에 대해 말씀드리려고 합니다.

⇨ _____ the second quarter results.

09 그래서 아주 간략하게 하겠습니다.

⇨ _____ be really brief.

10 질문은 각 부분이 끝난 후 하시면 됩니다.

⇨ _____ after each section.

빈칸에 들어갈 말을 〈보기〉 중에 골라 넣으세요.

보기

I'd like to start with... ~으로 시작하고 싶습니다 | **What if...?** ~ 한다면 어떻게 될까요? | **Let's turn to...** ~으로 넘어가겠습니다 | **I'd like to add that...** 게다가 ~ / ~도 덧붙이고 싶습니다. | **On a side note...** 주제를 벗어나자면, ~ | **Let's come back to...** ~으로 다시 돌아오겠습니다 | **As I said earlier,...** 아까 말씀드린 것처럼 ~ / 다시 말씀드리자면 ~ | **I want to stress (that)...** ~을 강조하고 싶습니다 | **For instance,...** 예를 들어, ~ | **That is why...** 그런 이유로 ~ | **In the same way,...** 마찬가지로 ~ | **On the other hand,...** 반면에 ~ | **There are...** ~이 있습니다

---

01 이야기 하나로 시작하고 싶습니다.

⇒ _____ a story.

02 아까 말씀드린 것처럼 효과는 일시적일 뿐이었습니다.

⇒ _____ the effect is only temporary.

03 주제를 벗어나자면, 행사는 성공적이었습니다.

⇒ _____ the event was a success.

04 세 번째 항목으로 넘어가겠습니다.

⇒ _____ the third item.

05 사진으로 다시 돌아오겠습니다.

⇒ _____ the photo.

06 거듭 강조하고 싶습니다.

⇒ _____ it again.

07 예를 들어 광고를 하나 더 만들 수 있습니다.

⇒ _____ we can create another commercial.

08 게다가 고객이 동의하고 있습니다.

⇒ _____ the client agrees.

09 반면에 전문적인 예측은 더 낫습니다.

⇒ _____ the expert forecasts are better.

10 마찬가지로 이 제품이 실패했습니다.

⇒ _____ this product failed.

빈칸에 들어갈 말을 〈보기〉 중에 골라 넣으세요.

┤ 보기 ├

Let's look at... ~을 보겠습니다 │ **This shows...** 이것은 ~을 보여주고 있습니다 │ **We can see (that)...** ~을 볼 수 있습니다 │ **Let's compare...** ~을 비교해 보겠습니다 │ **Sales have (p.p.)...** 매출은 ~했습니다 │ **The change is due to...** 변화는 ~때문입니다 │ **That covers...** 이걸로 ~을 다 다루었습니다 │ **Let me finish...** ~ 마치겠습니다 │ **Now, do you have any...?** 자, ~ 있으신가요? │ **That's a... question.** ~한 질문입니다. │ **Thank you everyone for...** ~해 주셔서 여러분께 감사드립니다

01 이 슬라이드를 보겠습니다.
⇨ _____ this slide.

02 두 개의 색채를 비교해 보겠습니다.
⇨ _____ the two colors.

03 이걸로 제 발표를 다 다루었습니다.
⇨ _____ my talk.

04 이것은 당사 시장 점유율을 보여 주고 있습니다.
⇨ _____ our market share.

05 1월에 감소를 볼 수 있습니다.
⇨ _____ a decrease in January.

06 자, 저에게 하실 질문 있으신가요?
⇨ _____ questions for me?

07 오늘 와 주셔서 여러분께 감사드립니다.
⇨ _____ coming today.

08 아주 흥미로운 질문입니다.
⇨ _____ really interesting _____.

09 변화는 소비자 지출 감소 때문입니다.
⇨ _____ a decline in consumer spending.

10 공자의 명언으로 마치겠습니다.
⇨ _____ with a quote from Confucius.

┤ 보기 ┝

Welcome (to)... ~을 환영합니다 | On our last meeting, we... 지난 회의에서 우린 ~ | Today, we hope to... 오늘 ~하기를 기대합니다 | You've all seen... ~은 다들 보셨습니다 | Basically, we would like to... 기본적으로 ~하고 싶습니다 | It's essential for us to... ~하는 건 필수입니다 | ...is less of a priority. ~은 우선 사항이 아닙니다. | Now, why don't we... your~? 이제 그쪽 ~을 …해 볼까요? | Is that...? 그게 ~인가요? | Your priority, then, is... 그럼 이게 우선 사항이네요 | So you're offering...? 그럼 ~을 제안하시는 건가요? | Could you be more specific about...? ~에 대해 더 구체적으로 설명해 주시겠어요? | To be more specific... 더 자세히 말씀 드리자면, ~ | Maybe I should... ~해야겠습니다 | How important is... to you? ~이 그쪽에게 얼마나 중요한가요? | We would require... ~이 있어야 합니다 | That would depend on... 그건 ~에 달려 있습니다 / 그건 ~에 따라 달라집니다

01 그럼 선불을 제안하시는 건가요?

⇒ _____ payment in advance?

02 오늘 남은 안건 논의를 마치기를 기대합니다.

⇒ _____ finish discussing the remaining items.

03 기본적으로 합작 투자를 하고 싶습니다.

⇒ _____ form a joint venture.

04 디자인에 대해 더 구체적으로 설명해 주시겠어요?

⇒ _____ the design?

05 더 자세히 말씀드리자면, 3년짜리 품질보증서를 원합니다.

⇒ _____ we want a three-year warranty.

06 그건 납품업체에 달려 있습니다.

⇒ _____ the supplier.

07 그게 맞나요?

⇒ _____ correct?

08 일정은 우선 사항이 아닙니다.

⇒ Schedule _____.

09 우선 양해각서가 있어야 합니다.

⇒ _____ an MOU first.

10 계약금을 받는 건 필수입니다.

⇒ _____ receive a down payment.

빈칸에 들어갈 말을 〈보기〉 중에 골라 넣으세요.

보기

We propose... ~을 제안합니다 | We're prepared to... ~할 의향이 있습니다 | I'm afraid that's a little... 유감이지만, 그건 좀 ~입니다 | Perhaps we could consider... ~을 고려해 보면 좋을 듯합니다 | We can accept that if you... ~을 하면 수락하겠습니다 | We might be able to... ~이 가능할 것도 같습니다 | Your offer doesn't... 제안이 ~하지 않네요 | The major obstacle is... ~이 큰 장애요인입니다 | Could we deal with that...? ~ 다루면 안될까요? | We're not convinced (that)... ~라는 확신이 서지 않습니다 | Please rest assured that... ~이니 안심하십시오 | We've agreed... 우린 ~ 합의 했습니다

01 다른 지불 방식을 제안합니다.
⇒ _____ a different payment arrangement.

02 대안을 고려해 보면 좋을 듯합니다.
⇒ _____ an alternative.

03 새 계약서를 체결할 의향이 있습니다.
⇒ _____ sign a new contract.

04 수정사항에 동의하시면 수락하겠습니다.
⇒ _____ agree to the changes.

05 유감이지만, 저희에겐 그건 좀 낮습니다.
⇒ _____ low for us.

06 그것이 가장 좋은 방법이라는 확신이 서지 않습니다.
⇒ _____ that's the best method.

07 제안이 직원 채용에 대해 다루지 않네요.
⇒ _____ address the staffing.

08 우린 그럼 합의했습니다.
⇒ _____ then.

09 품질이 큰 장애 요인입니다.
⇒ _____ the quality.

10 그가 조건을 수락할 테니 안심하십시오.
⇒ _____ he will accept the terms.

빈칸에 들어갈 말을 〈보기〉 중에 골라 넣으세요.

┤ 보기 ├

I'd like to book a flight to… ~행 항공편을 예약하고 싶습니다 | **How much is…?** ~이 얼마죠? | **I have to…**
~해야 됩니다 | **I'm here…** ~ 왔습니다 | **Can you take me to…?** ~까지 데려다 주시겠어요? | **Is there a…**
that goes there? 그곳까지 가는 ~이 있나요? | **Can you tell me how to get to…?** ~까지 어떻게 가는지 알려
주시겠어요? | **Sorry, I'm…** 죄송한데, ~입니다 | **How long will it take to get to…?** ~까지 얼마나 걸리나요? |
Does this go to…? 이것이 ~까지 가나요?

01 가전 전시회를 위해 왔습니다.
⇒ _____ for the electronics show.

02 그곳까지 가는 전차가 있나요?
⇒ _____ tram _____?

03 오늘 저녁에 떠나야 합니다.
⇒ _____ leave tonight.

04 발리행 항공편을 예약하고 싶습니다.
⇒ _____ Bali.

05 죄송한데, 이제 호텔을 나가고 있습니다.
⇒ _____ just leaving the hotel.

06 쇼핑몰까지 데려다 주시겠어요?
⇒ _____ the shopping mall?

07 공항까지 얼마나 걸리나요?
⇒ _____ the airport?

08 비즈니스석이 얼마죠?
⇒ _____ business class?

09 이것이 강까지 가나요?
⇒ _____ the river?

10 이 주소까지 어떻게 가는지 알려 주시겠어요?
⇒ _____ this address?

빈칸에 들어갈 말을 〈보기〉 중에 골라 넣으세요.

┤ 보기 ├

Does the room have...? 방에 ~ 있나요? | **I need to...** ~해야 하는데요 | **The reservation is...** ~으로 예약했습니다 | **I would like...** ~을 주시면 좋겠습니다 | **I would like a table...** ~ 자리를 주세요 | **I'll have...** ~으로 하겠습니다 | **Does it come with...?** ~과 같이 나오나요? | **I'm expecting...** ~가 올 겁니다 | **Can you get me...?** ~ 주시겠어요?

01 3박으로 예약했습니다.
⇒ _____ for three nights.

02 샐러드와 같이 나오나요?
⇒ _____ a salad?

03 수영장 근처에 있는 방을 주시면 좋겠습니다.
⇒ _____ a room near the pool.

04 6번으로 하겠습니다.
⇒ _____ number six.

05 방에 에어컨이 있나요?
⇒ _____ air conditioning?

06 인터넷을 사용해야 하는데요.
⇒ _____ use the Internet.

07 찬물 좀 주시겠어요?
⇒ _____ some cold water?

08 두 명이 앉을 자리를 주세요.
⇒ _____ for two.

09 더 많은 사람들이 올 겁니다.
⇒ _____ more people.

10 2시 이후로 퇴실해야 하는데요.
⇒ _____ check out after two.

Answer

 **패턴훈련편**

PART 1

Unit 01

001 Hello, Ham Suk Lee speaking.

002 Sorry, she's currently on vacation.

003 Would you like to talk to his boss?

004 May I know who you would like to speak to?

005 Hi, this is Yoo Jin Sun from Korea.

006 I'm a salesperson.

007 Could I speak to one of the salespeople?

008 I'm calling to make an appointment.

009 This is about our CEO.

Unit 02

010 Could you ask Anne to attend the seminar?

011 Please tell Jerry that the meeting is at 10 a.m.

012 I'm sorry, can you give me the spelling again?

013 Mind if I record our conversation?

014 Yes, it's Y-I.

015 Actually, not Soul. It's Seoul.

016 Sorry, I think I pushed the wrong button.

017 I'll make sure it doesn't happen again.

Unit 03

018 Do you want me to send you an e-mail instead?

019 Let me just check my computer.

020 How does this afternoon sound?

021 How about we not discuss that?

022 I'm afraid I can't talk about it right now.

023 What do you say we go to the hotel bar instead?

Unit 04

024 I'm in a taxi right now.

025 Listen, can I call you back this afternoon?

026 I appreciate you letting me know.

027 I'm glad we are meeting tomorrow.

028 All right, I'll tell him.

PART 2

Unit 05

029 I'm writing to inform you that we have received your application.

030 This is regarding the minutes I received yesterday.

031 I wanted to drop you a line about tomorrow's dinner.

032 Thank you for your interest in our products.

033 As you requested, I'll call you tomorrow at 5 p.m.

034 To answer your question, I'm afraid I can't approve the transfer.

035 We are happy to tell you that we can meet you in Honolulu.

036 We regret to inform you that we are cancelling the contract.

037 Congratulations on your wedding anniversary!

038 My name is Carl Kang, with Kang's Auto Supplies.

Unit 06

039 In my last e-mail, I forgot to attach the photos.

040 This is for your information only.

정답 281

092 Would you like a napkin?

093 I appreciate the offer, but I need to go home.

094 Thanks so much for the advice.

Unit 14

095 Thank you all for coming to this informal meeting.

096 My boss is joining us today.

097 His team couldn't make the meeting.

098 We're here today to decide on a new site.

099 We have more than six items to discuss.

100 The meeting should finish in three hours.

101 Let's start with a short discussion.

Unit 15

102 What's your view on the proposed research?

103 As I see it, there are three approaches.

104 I think that's a creative solution.

105 I agree with that idea.

106 I'm not sure I agree with anything you said.

107 That's a good point, but I think you misunderstood what I said.

108 Sorry, can I just tell you something?

109 Could you tell me when?

110 Are you saying that you didn't know?

111 What I mean is we should conduct a marketing survey.

112 How about sending out a memo?

113 We have to think about our customers first.

PART 4

Unit 16

114 Does anyone want to propose a solution?

115 Let's hear from the managers.

116 Maybe we should compromise.

117 Now, let's move onto the most important item we have today.

Unit 17

118 We'll continue this discussion next time.

119 Before we finish, are there any objections?

120 Why don't I summarize just the decisions?

121 We've decided to postpone the vote.

122 Our next meeting is tomorrow.

PART 5

Unit 18

123 My name is Joe Sun, CEO of Sun Enterprises.

124 I'm going to talk about the new software.

125 And I will be very brief.

126 My talk will consist of just two items.

127 You can ask questions when you have them.

128 I will be talking for three hours.

Unit 19

129 I'd like to start with a short video.

130 What if you could talk to your TV?

131 Let's turn to the good news.

132 I'd like to add that we have two options.

133 On a side note, our competitors were also losing market share.

134 Let's come back to the issue of government policy.

135 As I said earlier, the strike was unexpected.

136 I want to stress the importance of meeting customer expectations.

137 For instance, a client might be unhappy with our product.

138 That is why the stock market crashed.

139 In the same way, we need to grab their attention.

140 On the other hand, it might not all be bad.

141 There are at least three ideas.

Unit 20

142 Let's look at two more tables.

143 This shows the percentage of laptops sold last year.

144 We can see a steady increase.

145 Let's compare prices.

146 Sales have tripled during the winter.

Unit 01

01 This is about

02 Would you like to

03 Hello / speaking

04 May I have

05 I'm calling to

06 This is about

07 I'm

08 Sorry, he is

09 Hi, this is

10 Could I speak to

Unit 02

01 Yes, it's

02 Actually, not / It's

03 Mind if I

04 Could you ask him to

05 Sorry, I think

06 Please tell him (that)

07 Yes, it's

08 Mind if I

09 I'm sorry, can you

10 I'll make sure

Unit 03 & 04

01 I'm afraid I can't

02 Do you want me to

03 How about we

04 How does / sound

05 Listen, can I call you

06 What do you say we / instead

07 I'm / right now

08 I'm glad we

09 Let me just check

10 I appreciate you

Unit 05

01 I'm writing to

02 I wanted to drop you a line

03 We regret to inform you that

04 This is regarding

05 Thank you for

06 Congratulations on

07 We are happy to

08 As you requested,

09 To answer your question,

10 My name is / with

Unit 06 & 07

01 Here is

02 In my last e-mail, I forgot to

03 Could you

04 I'm attaching

05 I'm forwarding you

06 We are pleased to invite you to

07 I would like to receive your reply by

08 This is for your

09 I'd be pleased to attend

10 Unfortunately, I won't be able to attend due to

Unit 08

01 We are a leading / in Korea

02 We are excited to announce the launch of

03 It allows you to

04 We specialize in

05 We were given your name by

06 We can assist you in

07 Our combined expertise would

08 We would like to explore a possible

09 I'd like to send you

10 I'm confident we can meet / needs

Unit 09 & 10

01 We appreciate your taking the time to

02 Please send us

03 If you have any / please let me know

04 There is an error on

05 I haven't received

06 As you've pointed out,

07 Please accept our apologies for

08 I look forward to

09 We are sorry to hear

10 Unfortunately, we are unable to

Unit 11 & 13

01 If you need / let me know

02 Let me introduce you to

03 It's a pleasure to

04 The last time we / was

05 Would you like

06 How are things

07 I appreciate the offer, but

08 If you need / let me know

09 Thank you so much for

10 It's a pleasure to

Unit 12

01 Have you tried

02 What do you do

03 Is this your first

04 Do you / often

05 How was your

06 We've got some great / here

07 is known for its

08 I'm a huge fan of

09 It's / out today

10 Is there a / nearby

Unit 14

01 couldn't make the meeting

02 Let's start with

03 Thank you all for coming

04 are joining us today

05 We have / items to

06 We're here today to

07 Let's start with

08 The meeting should finish

09 Thank you all for coming

10 We're here today to

Unit 15

01 What's your view on

02 As I see it,

03 I think that's

04 I agree with

05 That's a good point, but

06 Sorry, can I

07 Are you saying

08 What I mean is

09 How about / moving

10 We have to

Unit 16 & 17

01 Now, let's move onto

02 Before we finish, are there any

03 Does anyone

04 Maybe we should

05 Let's hear from

06 We'll / next time

07 Why don't I summarize

08 Does anyone

09 Our next meeting is

10 We've decided

Unit 18

01 My talk will consist of

02 And I will

03 My name is

04 I'm going to talk about

05 I will be talking for

06 My talk will consist of

07 You can ask questions

08 I'm going to talk about

09 And I will

10 You can ask questions

Unit 19

01 I'd like to start with

02 As I said earlier,

03 On a side note,

04 Let's turn to

05 Let's come back to

06 I want to stress

07 For instance,

08 I'd like to add that

09 On the other hand,

10 In the same way,

Unit 20 & 21

01 Let's look at

02 Let's compare

03 That covers

04 This shows

05 We can see

06 Now, do you have any

07 Thank you everyone for

08 That's a / question

09 The change is due to

10 Let me finish

Unit 22 & 23

01 So you're offering

02 Today, we hope to

03 Basically, we would like to

04 Could you be more specific about

05 To be more specific,

06 That would depend on

07 Is that

08 is less of a priority

09 We would require

10 It's essential for us to

Unit 24 & 25

01 We propose

02 Perhaps we could consider

03 We're prepared to

04 We can accept that if you

05 I'm afraid that's a little

06 We're not convinced

07 Your offer doesn't

08 We've agreed

09 The major obstacle is

10 Please rest assured that

Unit 26 & 27

01 I'm here

02 Is there a / that goes there

03 I have to

04 I'd like to book a flight to

05 Sorry, I'm

06 Can you take me to

07 How long will it take to get to

08 How much is

09 Does this go to

10 Can you tell me how to get to

Unit 28 & 29

01 The reservation is

02 Does it come with

03 I would like

04 I'll have

05 Does the room have

06 I need to

07 Can you get me

08 I would like a table

09 I'm expecting

10 I need to